温泉企业服务质量等级
划分与评定释义

本书编写组

Paraphrase of Classification & Accreditation for

Service-rated Hot Spring Enterprise

责任编辑：刘志龙
责任印制：冯冬青
封面设计：中文天地

图书在版编目（CIP）数据

温泉企业服务质量等级划分与评定释义／《温泉企业服务质量等级划分与评定释义》编写组编. --北京：中国旅游出版社，2014.9
ISBN 978 - 7 - 5032 - 5065 - 1

Ⅰ.①温… Ⅱ.①温… Ⅲ.①温泉—旅游企业—服务质量—等级—划分—中国 Ⅳ.①F592.6

中国版本图书馆 CIP 数据核字（2014）第 209643 号

书　　名：温泉企业服务质量等级划分与评定释义

编　　者：《温泉企业服务质量等级划分与评定释义》编写组
出版发行：中国旅游出版社
　　　　　（北京建国门内大街甲 9 号　邮编：100005）
　　　　　http：//www.cttp.net.cn　E-mail：cttp@cnta.gov.cn
　　　　　发行部电话：010 - 85166503
经　　销：全国各地新华书店
印　　刷：北京工商事务印刷有限公司
版　　次：2014 年 9 月第 1 版　2014 年 9 月第 1 次印刷
开　　本：787 毫米 × 1092 毫米　1/16
印　　张：11
印　　数：1 - 5000 册
字　　数：175 千
定　　价：38.00 元
ＩＳＢＮ　978 - 7 - 5032 - 5065 - 1

本书编写组

张　越　付　滇　张　波　赵永明　田　密

前　言

中华人民共和国旅游行业标准《温泉企业服务质量等级划分与评定》LB/T016-2011从2011年6月1日正式实施以来，中国旅游协会温泉旅游分会先后在广东等10个省/直辖市旅游局（委）、旅游协会及省级温泉协会联合主办了十届标准的培训班和模拟现场试评，为配合该标准的宣贯实施，国家旅游局于2014年6月批准成立了全国温泉旅游企业星级评定委员会，并制定了《全国温泉旅游企业星级评定实施办法》和《全国温泉旅游企业星级评定检查员管理办法》。

标准释义编写组成员均为十届标准培训班的老师，结合培训班及模拟试评的反馈意见和相关省市旅游局、旅游协会及温泉协会的意见、建议，为加深对标准的理解，我们组织编写了《温泉企业服务质量等级划分与评定释义》（以下简称"标准释义"）。

本书主要有以下用途：一是统一理解，"标准释义"对标准各条款作出了详细解释，有利于各方相关人员统一理解；二是方便宣贯，"标准释义"可作为星级标准宣贯培训教材，供各级旅游管理部门、温泉行业协会和温泉企业使用；三是有利实施，"标准释义"增强了标准的可操作性，有利于各级温泉企业星级评定检查员和温泉企业具体实施；四是普及推广，"标准释义"可为游客和喜爱温泉的广大消费者起到答疑解惑的作用；五是帮助媒体宣传，"标准释义"可为新闻媒体宣传报道及舆论监督提供标准依据。本书也可为温泉行业的投资者、规划设计机构及温泉旅游专业教学人员提供参考。

因为温泉跨领域较多，有的问题在学术界尚无定论。如温泉水质的理化指标中关于溶解性总固体的限值，本标准规定是200~400mg/L等问题，需要做进一步的探讨和商榷。本书难免有不足之处，恳请广大读者批评指正。

本书编写组
2014年6月

目　录

温泉企业服务质量等级划分与评定

1.1 范围

标准原文：

本标准提出了对温泉企业的泉质要求（包括泉质的分类及其辅助医疗作用）、温泉水质卫生要求和经营场所的空气质量的要求，明确星级的划分条件、服务质量和运营规范要求。

本标准适用于正式营业的各种温泉企业。

1.2 规范性引用文件

标准原文：

下列文件对于本文件的应用是必不可少的。凡是注日期的引用文件，仅所注日期的版本适用于本文件。凡是不标注日期的引用文件，其最新版本（包括所有的修改单）适用于本文件。

GB/T155　原木检验材质评定

GB/T 5750.2　生活饮用水标准检验方法　水样的采集与保存

GB/T 5750.4　生活饮用水标准检验方法感官性状和物理指标

GB/T 8538　饮用天然矿泉水检验方法

GB9663　旅店业卫生标准

GB9665　公共浴室卫生标准

GB9666　理发店、美容店卫生标准

GB9670　商场（店）、书店卫生标准

GB/T 11615　地热资源地质勘查规范

GB11742　居民区大气中硫化氢卫生检验标准方法

GB/T 13727　天然矿泉水地质勘探规范

GB/T 14308　旅游饭店星级的划分与评定

GB/T 14582　环境空气中氡的标准测量方法

GB/T 17220　公共场所卫生监测技术规范

GB/T 17775　旅游景区质量等级的划分与评定

GB/T 18204.1　公共场所空气微生物检验方法 细菌总数测定

GB/T 18204.2　公共场所茶具微生物检验方法 细菌总数测定

GB/T 18204.3　公共场所茶具微生物检验方法 大肠菌群测定

GB/T 18204.4　公共场所毛巾、床上卧具微生物检验方法 细菌总数测定

GB/T 18204.5　公共场所毛巾、床上卧具微生物检验方法 大肠菌群测定

GB/T 18204.6　理发用具微生物检验方法 大肠菌群测定

GB/T 18204.7　理发用具微生物检验方法 金黄色葡萄球菌测定

GB/T 18204.8　公共场所拖鞋微生物检验方法 霉菌和酵母菌测定

GB/T 18204.9　游泳池水微生物检验方法 细菌总数测定

GB/T 18204.10　游泳池水微生物检验方法 大肠菌群测定

GB/T 18204.11　公共场所浴盆、脸（脚）盆微生物检验方法 细菌总数测定

GB/T 18204.12　公共场所浴盆、脸（脚）盆微生物检验方法 大肠菌群测定

GB/T 18204.28　游泳水温度测定方法

GB/T 18204.29　游泳水中尿素测定方法

GB/T 18883　室内空气质量标准

GB/T 18971　旅游规划通则

GBZ2-2002　工作场所有害因素职业接触限值

GBZ/T160.33　硫化氢的硝酸银比色法

LB/T007　绿色旅游饭店

WS205　公共场所用品卫生标准

国家建设部和发改委.节水型城市考核标准.建城〔2006〕140号

1.3 术语和定义

标准原文：

下列术语和定义适用于本文件。

3.1 温泉hot spring

从地下自然涌出或人工钻井取得且水温≥25℃，并含有对人体健康有益的微量元素的矿水。

3.2 冷泉cold spring

从地下自然涌出或人工钻井取得且水温＜25℃，并含有对人体健康有益的微量元素的矿水。

注：温泉和冷泉均是指天然矿水。

释义：

温泉（含冷泉，下同）的定义包含以下四个方面：

第一，定义了本标准所称温泉的出处，即由地下主动涌出或被动人工抽取。

第二，定义了本标准所称温泉的物理特征，即温度大于等于25℃称之温泉，小于25℃称之冷泉。

第三，定义了本标准所称温泉的成分特征，即应当含有对人体健康有益的微量元素，这也是本标准所定义的温泉与普通地下水的重要区别。

第四，定义了本标准所称温泉的法律属性，即其属于矿产资源，适用于《中华人民共和国矿产资源法》等相关法律、法规。

标准原文：

3.3 温泉企业hot spring enterprise

利用温泉资源，并具备相适合的设施设备和环境条件，以温泉服务为主，并提供健康理疗、住宿、餐饮、会务、休闲、度假等相应服务的经济组织。包括温泉酒店、会所、度假村、疗养院、洗浴中心、温泉旅游小镇、温泉旅游度假区、温泉城等各类温泉企业。

释义：

第一，适用本标准的主体，最重要的特征是利用本标准所称的温泉资源，这是基本的前提。可以采用健康理疗、住宿、餐饮、会务、休闲、度假等服务形式。

第二，应当具备与利用温泉资源"相适应的设施设备和环境条件"的要求表明，设备设施和环境条件是利用温泉资源、提供温泉服务的基本条件。

第三，适用本标准的主体的组织形式，可以是温泉酒店、会所、度假村、疗养院、洗浴中心、温泉旅游小镇、温泉旅游度假区、温泉城等经济组织。

上述要求，明确了温泉企业的三个必要的组成要素为：利用温泉资源、有适当的设备设施与环境条件和经济组织。

标准原文：

3.4 温泉服务hot spring service

以温泉（含地热蒸汽、矿物泥或冷泉）为载体，以沐浴、泡汤和健康理疗为主，提供参与、体验和感悟温泉养生文化的相关产品，达到休闲、疗养及度假等目的的服务。

释义：

所谓载体是指物质、信息和文化等的运载物。在"温泉服务"中温泉（或冷泉、地热矿水蒸气、矿物泥）是使消费者达到休闲、疗养及度假等目的的运载物，实现途径则可以是以沐浴、泡汤和/或健康理疗等形式，通过参与、体验和感悟温泉养生文化等过程，实现上述目的。

1.4 星级划分及标志

标准原文：

4.1 用星的数量表示温泉企业的等级。温泉企业星级分为五个级别，即一星级、二星级、三星级、四星级、五星级。最低为一星级，最高为五星级。星级越高，表示温泉企业的档次越高。

4.2 星级标志由龙形、长城、温泉标识和五角星图案构成，用一颗五角星表示一星级，两颗五角星表示二星级，三颗五角星表示三星级，四颗五角星表示四星级，五颗五角星表示五星级。

4.3　星级的标牌、证书由全国温泉旅游企业星级评定委员会统一规定。

释义：

第一，温泉企业的星级除了要求温泉企业合法依归、诚信经营之外，还综合体现了温泉企业的建筑环境、功能环境、服务环境和管理环境的专业化水平，一星至五星级的标志是对温泉企业所达到水平程度的综合评价。

第二，温泉企业星级标志将在国家工商管理部门登记注册，任何单位和个人未经全国旅游温泉企业质量等级评定机构许可，不得擅自使用。

第三，经国家旅游局批准全国温泉旅游企业星级评定委员会（简称全国温泉星评委）于2014年6月正式成立，下设全国温泉旅游企业星级评定委员会办公室（简称全国温泉星评办），全国温泉星评办办公地点设立在中国旅游协会温泉旅游分会秘书处。

1.5　总则

1.5.1　低星级温泉企业与高星级温泉企业

标准原文：

5.1　申请星级的温泉企业应具有由相关资质机构编制的地热资源勘查报告、温泉地热水资源综合利用专项规划、环境保护及地质灾害评估等专项规划，并符合有关法律、法规、标准的规定与要求。

释义：

第一，地勘单位的资质按照国务院颁布的、2008年7月1日实施的《地质勘查资质管理条例》的规定，分为甲、乙、丙三级。分别由国家和省、自治区、直辖市的国土资源主管部门审批颁发。

第二，按照《地热资源地质勘查规范》（GB/T11615-2010）的规定，地热勘查钻井应按照"探采结合"的原则进行布置和施工。地热资源勘查报告依据实际需要可分为单井地热勘查报告、地热田（区）地热资源勘查评价报告。单井地热资源勘查报告，指为单个地热井开发单位提供利用的地热井勘查报告。报告内容一般包括前言、区域地热地质条件、地热井地质及地球物理测井、井产能测试与可开采量评价、流体质量评价、经济与环境影响评价、开采保护区论证、结论与开发利用建议等。地热田（区）地热资源勘查评价报告，指一个独立的地热田或具有一定开采规模的地区，为总结地热资源勘查、开采与多年动态监测成果资料而编写的报告，是地热资源统计、规划、开发管理的主要依据。

第三，除了地热资源勘查报告之外，还应当具有符合有关法律、法规、标准的规定与要求的温泉地热水资源综合利用专项规划、环境保护及地质灾害评估等专项规划。

第四，如果申请星级的温泉企业所使用的温泉资源是由独立的温泉供水机构供应的，后者不仅应出具上述《报告》、《规划》，还应具有营业执照和相关的经营许可文件。

标准原文：

5.2　星级温泉企业的建筑、附属设施设备、服务项目和运行管理应符合国家现行的安全、消防、卫生、环境保护、劳动合同等有关法律、法规的规定与要求。

5.3　各星级划分的必备项目见附录A，各星级温泉企业应逐项达标。

5.4　温泉水质感官与理化指标按附录B的指标作出评价。温泉水质卫生要求按附录B的指标作出评价。

5.5　温泉的泉质分类及辅助疗效应符合GB/T11615、GB/T13727和附录C中的相关要求。

5.6　室内温泉场所空气质量要求按附录D评价表的指标作出评价。

5.7　星级温泉企业设备设施的位置、结构、数量、面积、功能、材质、设计、装饰等评价标准见附录E。

5.8　星级温泉企业服务质量、清洁卫生、维护保养等评价标准见附录F。

5.9　一星级、二星级、三星级温泉企业是以沐浴康体为主，评定星级时应对泉质、卫生安全和温泉服务进行重点评价；四星级和五星级温泉企业是以优质温泉为核心的综合配套型企业，评定星级时应对温泉企业的服务进行全面评价。

注1：符合条件的温泉企业宜参加GB/T 14308的饭店星级评定。

注2：符合条件的温泉企业宜参加GB/T 17775的景区A级评定。

释义：

以上条款表明：

低星级（一、二星级）的温泉企业与高星级（三、四、五星级）的温泉企业相比，对于企业的建筑、附属设施设备、服务项目、运行管理的合法依归的要求是一致的。

对温泉水质感官与理化指标、温泉水质卫生、温泉的泉质分类及辅助疗效、室内温泉场所空气质量等方面的要求也是一致的。

对低星级与高星级温泉企业要求的差别，不是简单意义上的"价格便宜"，也不是单纯减少功能与服务，二者的差别在设备配置方面：前者强调"必要硬件配置"，重视简单实用与低成本运行，不一定配备住宿设施。在组织结构方面，前者讲究高效的机构设置，注重一人多能的岗位职责；在服务方面，对前者经营的重点是卫生、安全、方便，是服务的基本要求。对后者要求，则是重视温泉服务功能配置和服务项目的完整性，强调温泉的环境、氛围与服务的整体协调性，关注宾客的全面感受与价值体现。

本标准还鼓励与支持符合条件的温泉企业参加饭店的星级评定与旅游景区的质量评定。

1.5.2　绿色环保

标准原文：

5.10　倡导绿色设计、清洁生产、节能减排、绿色消费的理念。

释义：

节能减排、清洁生产是建设资源节约型与环境友好型社会的必要要求。国家旅游局2006年已发布实施《绿色旅游饭店》（LB/T007—2006），可作为星级温泉企业的指南。

所谓绿色设计是指在设计阶段就将环境因素和预防污染的措施纳入产品设计之中，将环境性能作为产品的设计目标和出发点，力求使产品对环境的影响最小。

所谓清洁生产是指不断采取改进设计，使用清洁的能源和原料，采用先进的工艺技术与设备，改善管理、综合利用等措施，从源头消减污染，提高资源利用率，减少或者避免生产、服务和产品使用过程中污染物的产生和排放，以减轻或消除对人类健康和环境的危害。

所谓节能减排是指按照减量化、再循环、再使用、替代的"4R"原则，通过强化经营管理，实施技术改造，倡导绿色消费等方式，在不降低对客服务质量、舒适度以及保证员工良好工作环境的前提下，在保护资源和环境方面所采取的各项积极举措。

所谓绿色消费是指宾客在消费时，关注产品在生产、使用和废弃后对环境的影响问题，并在消费过程中关注环境保护问题。

1.5.3 突发事件应急处置

标准原文：

5.11 星级温泉企业应增强对突发事件的应急处置能力，突发事件处置的应急预案作为各星级温泉企业的必备条件。评定星级后，如温泉企业营运中发生重大安全责任事故，所属星级将被立即取消，相应星级标志不得继续使用。

释义：

星级温泉企业突发事件应急处置能力是指温泉企业面对危机时，其系统、设备、预案、人员及善后处理等各个方面所表现出的适应性、快速性、灵活性与协调性。

重大安全责任事故指因个人责任或管理责任导致的重大安全事件，依据国家相关规定，造成死亡1人以上，或者重伤3人以上，或者直接经济损失5万元以上，或者造成重大政治影响的事件都构成重大安全责任事故。

1.5.4 温泉企业整体性

标准原文：

5.12 评定星级时不应因某一区域所有权或经营权的分离，或因为建筑物的分隔而区别对待，温泉企业内所有区域应达到同一星级的质量标准和管理要求。

5.13 温泉企业开业一年后可申请评定星级，经相应星级评定机构评定后，星级标志有效期为三年。三年后应进行重新评定。

释义：

对温泉企业服务质量的要求，是全方位、全过程的，必须是高度协调与配合的结果，因此，对其整体性要求是：

第一，所有对客服务区域的建筑物、装饰装修材料与工艺、设施设备及用品用具配置档次、维护保养水平等应呈现一致的标准；如同一温泉企业的不同建筑呈现不同档次，星级评定时以低档次为准。

第二，所有对客服务区域应具备统一的管理制度、操作规范与质量标准。

第三，所有对客服务区域（包括外包、出租和服务功能区域）都应体现统一的星级所要求的服务水准。

1.6 温泉泉质要求

标准原文：

6.1 基本要求 温泉的泉质分类及辅助疗效应符合GB/T11615、GB/T13727和附录C中的相关要求。

6.2 添加辅料的要求

6.2.1 应在未添加辅料前对泉质进行检测认证。

6.2.2 添加辅料后的泉质应符合附录B的相关要求。

6.2.3 使用辅料应避免与温泉中的成分冲突。

6.3 加热要求

6.3.1 在不改变温泉的成分和含量的前提下，可对温泉加热。

6.3.2 不应加入河水、普通井水或自来水等和冷泉一起加热。

6.4 降温要求

6.4.1 应采用热交换或自然降温的方法。

6.4.2 不应加入河水、普通井水或自来水等降温。

6.5 其他要求

6.5.1 除适用的消毒剂外，不应加入化学添加剂。

6.5.2 在不改变泉质的情况下，宜对温泉水进行循环使用。

6.5.3 五星级泉质成分应达到有医疗价值浓度，且泉（井）口水温应 ≥50℃，或泡池水温应≥40℃。

6.6 检验要求及检验内容

6.6.1 应同时对泉（井）口和各种泡池的泉质进行检测认证。

6.6.2 应分别公示泉（井）口和各种泡池的泉质、类型、温度及辅助疗效。

6.7 泉质认定标准及检测机构要求

6.7.1 温泉的泉质应以经营者获得使用权后所提交的温泉水质检验报告（成分及含量）为依据。检测机构应是省级国土资源部门指定的，且具有国家认证监督管理委员会资质的专业机构。

6.7.2 含有氡等放射性元素的温泉，还应由具有相关专业资质的检测机构另做检测认证，并出具相关专项检验报告。

释义：

温泉是温泉企业经营的核心资源，也是温泉企业区别与其他休闲度假产品的最重要的区别，因此，对温泉泉质的要求，是温泉企业经营品质的重要保证。对泉质及其检测的要求，有以下四个方面：

第一，除了规定了温泉的泉质分类及辅助疗效所依据的标准之外，鉴于温泉企业经营的特点，规定了添加辅料的要求、公示要求和检测方法，规定了加热与降温的要求。

第二，本标准明确了在不改变泉质的情况下，鼓励对温泉水进行循环使用。这既是《节水型城市考核标准》所要求的，也是《绿色旅游饭店》（LB/T007-2006）的基本原则，即减量化原则、再使用原则和再循环原则。

第三，对五星级温泉企业所使用温泉的泉质成分要求达到有医疗价值浓度。

第四，本标准对泉质认定标准及检测机构的要求是，检测机构应是省级国土资源管理部门指定的，且具有国家认证监督管理委员会资质的专业机构。这是由温泉的矿产资源的属性所决定的。此外，含有氡等放射性元素的温泉，还应由具有相关专业资质的检测机构另做检测认证，并出具相关专项检验报告。

1.7 温泉水质和场所要求

标准原文：

7.1 温泉水质要求

7.1.1 温泉水质感官指标见附录B中表B.1。

7.1.2 温泉水质理化指标见附录B中B.2。

7.1.3 温泉浴池水质卫生要求。

7.1.3.1 温泉浴池温度、pH值、尿素、菌落总数、大肠菌群、嗜肺军团菌卫生指标应符合附录B中表B.3的要求，检验方法分别按GB/T 18204.28、GB/T5750.2、GB/T 5750.4、GB/T 18204.29、GB/T 18204.9、GB/T 18204.10及附录B执行。

7.1.3.2　水中消毒剂要求

根据泉质选择不同的消毒方法，使用氯消毒应避免与温泉中的成分冲突，浴池水游离余氯宜持续保持在0.2～0.4mg/L之间，最大不超过1.0mg/L；如泉质pH过低或过高、有机物含量高、水温高于40℃、硫黄泉、含铁泉等情况，可选择合适的消毒剂配合臭氧、紫外线、光触媒、加热等消毒方法，以及配备相应的水循环处理系统或砂缸过滤器等设备，保证水质微生物指标合格。

7.1.3.3　当地卫生疾控部门每月至少一次对水质进行卫生检测，提倡温泉企业设立化验室和配有经培训合格的化验员。

释义：

第一，鉴于温泉自身的特性，对温泉水质要求的观感指标和理化指标，在气味、温度、酸碱度（pH值）、溶解性总固体（TDS）等方面，与浴室、游泳池的水质标准是有所不同。由于本标准的宣传与贯彻还不是十分充分，或许还有个别的卫生疾控部门对此还未充分知晓，还需要温泉企业对此予以说明。

第二，应根据不同泉质的特点，选择不同的消毒方法。

第三，在星级温泉企业的经营中，应当由当地卫生疾控部门每月至少一次的对其水质进行卫生检测并出具报告。这既是温泉企业日常经营的需要，也是参评的重要文件，参评温泉企业应当提供参评日之前至少6个月的水质卫生检测报告。

标准原文：

7.2　温泉场所空气要求

7.2.1　温泉所属各类公共场所室内空气中的温度、湿度、风速、一氧化碳、二氧化碳、甲醛、可吸入颗粒物、细菌总数以及噪声、照度、新风量等应符合GB 9663、GB 9665、GB 9666、GB 9670和GB 16153中相应的卫生要求；检验方法按GB/T 18204各部分中相应的方法执行。

7.2.2　室内空气中氡及其子体浓度应符合GB/T 18883的卫生要求，检验方法按GB/T 14582和GB/T 155执行。

7.2.3　H_2S（硫黄泉）应符合GBZ2-2002的卫生要求，检测方法按GBZ/T 160.33和GB 11742执行。

7.3 卫生管理要求

7.3.1 整体环境清洁、无异味，应每周至少消毒一次，并建立卫生责任制度和检查制度。

7.3.2 更衣室地面无积水，通风良好。每周至少一次对衣物柜及其他用具进行清洗、消毒，宾客卫生用品（浴巾、浴袍、拖鞋等）一客一换，清洗消毒按GB9663的规定执行。

7.3.3 宾客温泉沐浴前应先淋浴，淋浴区保持排水、通风设施良好，温度适宜。

7.3.4 通往沐浴温泉区的必经走道中间应设强制通过式浸脚消毒池（池长不小于2m，宽度应与走道相同，深度20cm），池水余氯含量应保持5~10 mg/L，至少每两小时更换一次。

7.3.5 沐浴温泉区应保持地面清洁卫生，无积水。

7.3.6 公共浴池使用期间应保持浴池溢流状态或设有循环过滤系统，2~6人的泡池应每周至少三次清洗、消毒和换水，6~20人的泡池每周至少两次，20人以上的泡池每周至少一次。

7.3.7 在温泉接待前厅和温泉区入口处须设有告示，由当地卫生疾控部门提供的相关告示：严禁传染病、精神病、酗酒者和携带宠物者进入温泉区。

7.3.8 温泉场所的用品用具（包括杯具类、布草类、洁具类、鞋类、保健理疗类、美容美发工具类及与皮肤接触的其他用品）应符合WS 205的要求，检验方法按GB/T 18204.2、GB/T18204.3、GB/T18204.4、GB/T18204.5、GB/T18204.6、GB/T18204.7、GB/T18204.8、GB/T18204.12执行。

7.3.9 温泉浴池池壁细菌应符合WS 205中的要求，检验方法按照GB/T18204.11和GB/T18204.12执行。

释义：

温泉企业场所的空气、卫生要求与其他类似的公共场所并无大的差别，以下三点应当特别注意：

第一，对不同规格的温泉池、更衣柜、毛巾、浴衣、拖鞋等用具、物品的清洗、消毒的制度与记录，是温泉企业参加星评的原始文件，应当妥善保管、备查。

第二，强制通过式浸脚消毒池的设置，除了应保证宽度与走道相同，长度2m（一步无法跨越），深度为20cm。"池水余氯含量应保持5～10mg/L，至少每两小时更换一次"的要求，也应有必要的记录。

第三，在温泉接待前厅和温泉区入口处须设有告示，严禁传染病、精神病、酗酒者和携带宠物者进入温泉区。该告示应当会请当地卫生疾控部门并以其名义公布。

1.8　服务质量总体要求

标准原文：

8.1　服务基本原则

8.1.1　对宾客礼貌、热情、亲切、友好，一视同仁。

8.1.2　密切关注并尽量满足宾客的需求，高效率地完成对客服务。

8.1.3　遵守国家法律法规，保护宾客的合法权益。

8.1.4　尊重宾客的信仰与风俗习惯，不损害民族尊严。

8.2　服务基本要求

8.2.1　员工仪容仪表应达到：

a）遵守温泉企业的仪容仪表规范，端庄、大方、整洁；

b）着工装、佩工牌上岗；

c）服务过程中表情自然、亲切、热情适度，提倡微笑服务。

8.2.2　员工言行举止应达到：

a）语言文明、简洁、清晰，符合礼仪规范；

b）站、坐、行姿符合各岗位的规范与要求，主动服务，有职业风范；

c）以协调适宜的自然语言和身体语言对客服务，使宾客感到尊重舒适；

d）对宾客提出的问题应予耐心解释，不推诿和应付。

8.2.3　员工业务能力与技能应达到掌握相应的业务知识和服务技能，并能熟练运用。

释义：

服务质量体现在员工的仪容仪表、言行举止、服务态度、业务知识、服务技能和应变能力等方面，要求温泉企业的全体员工都应达到相应的水准。

1.9 管理要求

9.1 应有员工手册。

9.2 应有温泉企业组织机构图和部门组织机构图。

9.3 应有完善的规章制度、服务标准、管理规范和操作程序。一项完整的温泉企业管理规范包括规范的名称、目的、管理职责、项目运作规程（具体包括执行层级、管理对象、方式与频率、管理工作内容）、管理分工、管理程序与考核指标等项目。各项管理规范应适时更新，并保留更新记录。

9.4 应有完善的部门化运作规范。包括管理人员岗位工作说明书、管理人员工作关系表、管理人员工作项目核检表、专门的质量管理文件、工作用表和质量管理记录等内容。

9.5 应有服务和专业技术人员岗位工作说明书，对服务和专业技术人员的岗位要求、任职条件、班次、接受指令与协调渠道、主要工作职责等内容进行书面说明。

9.6 应有服务项目、程序与标准说明书，对每一个服务项目完成的目标、为完成该目标所需要经过的程序，以及各个程序的质量标准进行说明。

9.7 对国家和地方主管部门和强制性标准所要求的特定岗位的技术工作如游乐设施、医疗救护、水质化验、保健理疗、锅炉、强弱电、消防、食品加工与制作等，应有相应的工作技术标准的书面说明，相应岗位的从业人员应知晓并熟练操作。

9.8 应有其他可以证明温泉企业质量管理水平的证书或文件。

释义：

管理要求是指温泉企业按照本标准对各项管理工作的规范化的基本要求，在进行本标准评定时，要求温泉企业出具完整、规范、有效的文件。

1.10 安全管理要求

标准原文：

10.1 温泉企业应取得消防等方面的安全许可，确保消防设施的完好和有效运行。

10.2 水、电、气、油、游乐设施、压力容器、管线等设施设备应安全有效运行。

10.3 应严格执行安全管理防控制度，确保安全监控设备的有效运行及人员的责任到位。

10.4 应注重食品加工流程的卫生管理，保证食品安全。

10.5 应制订和完善地震、火灾、医疗救护、食品卫生、公共卫生、治安事件、设施设备突发故障等各项突发事件应急预案。

释义：

安全是温泉企业经营工作的第一要务，安全管理是对温泉企业进行评定的重要前置条件。在进行评定时，温泉企业必须出具相关的许可证、验收证明等文件，并检查相关设备设施的运行记录。

1.11 各星级划分条件

标准原文：

11.1 必备条件

11.1.1 必备项目检查表规定了各星级应具备的泉质、卫生安全、硬件设施和服务项目。评定检查时，逐项打"√"确认达标后，再进入后续打分程序。

11.1.2 一星级必备项目见表A.1；二星级必备项目见表A.2；三星级必备项目见表A.3；四星级必备项目见表A.4；五星级必备项目见表A.5。

11.1.3 附录B、附录C的相关指标要求均为一星级至五星级温泉企业的必备条件。

释义：

必备项目作为温泉企业进入不同星级的基本准入条件，具有完整性与不可缺失性，每一条必备条件均具有"一条否决"的效力。除了《必备项目检查表》之外，《温泉水质评价》与《医疗热矿水水质标准分类表》，均为本标准一星级至五星级温泉企业的必备条件。

标准原文：

11.2 设施设备

11.2.1 设施设备的要求见附录E，总分700分。

11.2.2　一星级、二星级温泉企业不作要求，三星级、四星级、五星级温泉企业规定最低得分线：三星级300分、四星级400分、五星级500分。

释义：

设施设备包括温泉企业的整体设计、建筑结构、装修装饰的材质与工艺、设施设备配置档次、服务功能区域数量与面积以及整体功能质量等要素。设施设备评价是对温泉企业上述要素的专业性、整体性、舒适性水准所进行的综合考查，评价分值体现了温泉企业建筑环境、功能环境和产品品质的高低，三、四、五星级温泉企业应满足最低的分线的要求。

标准原文：

11.3　温泉企业运营质量

11.3.1　温泉企业运营质量的要求见附录F。总分700分。

11.3.2　温泉企业运营质量的评价内容分为总体要求、温泉水区、理疗保健、房务、餐饮、其他服务项目、公共及后勤区域7个大项。评分时按"优"、"良"、"中"、"差"打分并计算得分率。公式为：得分率 = 该项实际得分/该项标准总分 × 100%。

11.3.3　一星级、二星级温泉企业不作要求，三星级、四星级、五星级温泉企业规定最低得分率：三星级70%、四星级80%、五星级85%。

释义：

温泉企业运营质量评价是对温泉企业规章制度、操作程序、服务规范、清洁卫生、维护保养等方面所作出的系统考查，评价分值体现温泉企业管理环境与服务环境的优劣，三、四、五星级温泉企业应保证达到相应的最低得分率。

1.12　其他

标准原文：

对于以温泉SPA服务和住宿同为主营业务的，建筑与装修风格独特，拥有独特客户群体，管理和服务特色鲜明，且业内知名度较高温泉企业的星级评定，可参照五星级的要求（包括已通过五星级饭店评定的）。

释义：

标准原文指向的是可申报五星级的精品温泉，通常具有以下特点：

第一，主题性。精品温泉应主题鲜明，并通过别致的装饰与艺术的创作予以表现，营造出独特的氛围和个性魅力。

第二，差异化的温泉环境。有区别于其他五星级温泉企业的特点，极具特色，其服务品质为社会广泛认可。

第三，特殊的客户群体。精品温泉拥有独特的客户群体，特定的品位需求使他们能够理解和感受精品温泉所传递的文化信息和设计理念，高端的价格也确保了企业的良好效益。精品温泉的平均价格应连续两年居于省（自治区、直辖市）所在地温泉前列，且能得到市场认同、行业认同和相关管理部门认同。

第四，服务个性化、定制化、精细化。精品温泉讲究高度定制化的个性服务，特色产品吸引力强，服务温馨周到，私密性强，能够让宾客留下深刻而美好的印象。

第五，检查的重点包括温泉泉质、水质卫生、管家服务、会员会籍（客史档案）管理、预订管理、SPA及健康理疗师职业资格、生态有机餐饮、定制式服务的特色产品与服务的市场影响力及宾客满意度数据定量与定性统计。

第六，其可用房平均房价和人均温泉、SPA的价格都高于当地五星级酒店的平均消费价格。

第七，在国内外行业中有较高的认知度，具体检查同行业参观考察的频率及评价。

第八，在国际国内的行业及媒体评比中屡获大奖。

凡具有上述特点，在保证以温泉、SPA为主营服务业务的前提下，允许与五星级温泉企业标准中的必备项目、附录E存在某些缺项及相关分数达不到500分的温泉企业（附录F中五星级85%的得分率必须达到），向所在地的省级温泉旅游企业星级评定委员会提出专项报告申报五星级，经省级温泉旅游企业星级评定委员会同意后，推荐给全国温泉旅游企业星级评定委员会。

必备项目检查表释义

2.1 温泉泉质

必备项目有关温泉泉质的要求

一星级：

A.1.1.1 温泉的泉质分类及辅助疗效应符合GB/T11615、GB/T13727和附录C中的相关要求。

A.1.1.2 应有采水许可证、用水许可证，实施勘查钻井的还应有勘查许可证。

A.1.1.3 应通过有资质的专业机构对温泉泉质的检测与认证。

A.1.1.4 温泉水实际使用量不超过批准使用量。

A.1.1.5 有温泉水温、泉质辅助疗效等信息介绍。

二星级：

A.2.1.1 温泉的泉质分类及辅助疗效应符合GB/T11615、GB/T13727和附录C中的相关要求。

A.2.1.2 温泉浴池中的温泉应是纯天然温泉水的水质。

A.2.1.3 有采水许可证、用水许可证，实施勘查钻井的还应有勘查许可证。

A.2.1.4 有勘查报告或水资源利用方案，符合GB/T11615。

A.2.1.5 通过有资质的专业机构对温泉泉质的检测与认证。

A.2.1.6 温泉水实际使用量不超过批准使用量。

A.2.1.7　应设有营业场所示意图、温泉水水温、泉质介绍及营业时间、价格等信息公示设施，保证宾客获取相关信息。

三星级：

A.3.1.1　温泉的泉质分类及辅助疗效应符合GB/T11615、GB/T13727和附录C中的相关要求。

A.3.1.2　温泉浴池中的温泉应是纯天然温泉水的水质。

A.3.1.3　有采水许可证、用水许可证，实施勘查钻井的还应有勘查许可证。

A.3.1.4　有勘查报告或水资源利用方案，符合GB/T11615的相关要求。

A.3.1.5　通过有资质的专业机构对温泉泉质的检测与认证。

A.3.1.6　温泉水实际使用量不超过批准使用量。

A.3.1.7　新注入的温泉水应采用自然降温或热交换的方式处理，以保持温泉原有水质。

A.3.1.8　应设有营业场所示意图、温泉水水温、泉质介绍及营业时间、价格等信息公示设施，保证宾客获取相关信息。

四星级：

A.4.1.1　温泉的泉质分类及辅助疗效应符合GB/T11615、GB/T13727和附录C中的相关要求。

A.4.1.2　温泉浴池中的温泉应是纯温泉的水质，原井口的泉温应≥50℃或至少有一个泡池泉温应≥40℃。

A.4.1.3　有采水许可证、用水许可证，实施勘查钻井的还应有勘查许可证。

A.4.1.4　有勘查报告或水资源利用方案，符合GB/T11615的相关要求。

A.4.1.5　通过有资质的专业机构对温泉泉质的检测与认证。

A.4.1.6　温泉水实际使用量不超过批准使用量。

A.4.1.7　新注入的温泉水应采用自然降温或热交换的方式处理，以保持温泉原有水质。

A.4.1.8　应设有营业场所示意图、温泉水温、泉质介绍及营业时间、价格等信息公示设施，保证宾客获取相关信息。

五星级：

A.5.1.1　温泉的泉质分类及辅助疗效符合GB/T11615、GB/T13727和附录C中的相关要求。

A.5.1.2 温泉浴池中的温泉应是纯温泉的水质，原井口的泉温应≥50℃或至少有一个泡池泉温应≥40℃。

A.5.1.3 有采水许可证、用水许可证，实施勘查钻井的还应有勘查许可证。

A.5.1.4 有勘查报告或水资源利用方案，符合GB/T11615的相关要求。

A.5.1.5 通过有资质的专业机构对温泉泉质的检测与认证。

A.5.1.6 温泉水实际使用量不超过批准使用量。

A.5.1.7 新注入的温泉水应采用自然降温或热交换的方式处理，以保持温泉原有水质。

A.5.1.8 应设有营业场所示意图、温泉水温、泉质介绍及营业时间、价格等信息公示设施，保证宾客获取相关信息。

释义：

1.对不同星级的温泉企业，最基本的泉质要求是一致的，具体包括：

第一，温泉的泉质分类及辅助疗效应符合GB/T11615、GB/T13727和附录C中的相关要求；

第二，应有采水许可证、用水许可证，实施勘查钻井的还应有勘查许可证；

第三，应通过有资质的专业机构对温泉泉质的检测与认证；

第四，温泉水实际使用量不超过批准使用量；

第五，有温泉水温、泉质辅助疗效等信息介绍。这既是对温泉消费者权益最基本的保证，也是对温泉企业使用温泉合法依归的最基本要求。

2.随着星级的升高，要求也有所增加。其中，对二星级温泉企业的要求：

第一，增加了"温泉浴池中的温泉应是纯天然温泉水的水质"，即拟参加二星级星评的温泉企业所设置的所有温泉池的水质，都应该符合该项要求；

第二，增加了"有勘查报告或水资源利用方案，符合GB/T11615"。即拟参加二星级星评的温泉企业应至少具有勘查报告或水资源利用方案，勘查报告的编写，应符合《地热资源地质勘查报告规范》的要求。如果是区域集中供水的温泉企业，为其提供温泉水的单位应具备上述文件；

第三，对公示内容，增加了营业时间、价格等信息内容，并要求公示上述信息的设置，应保证宾客能够方便的获取相关信息。

3. 对三星及三星以上星级标准的温泉企业，增加了新注入的温泉水的要求，即新注入的温泉池的温泉水应采用自然降温或热交换的方式处理，以保持温泉原有水质。

2.2 温泉卫生

标准原文：

必备项目有关温泉卫生的要求

一星级：

A.1.2.1 应符合7.1温泉水质卫生标准的要求。

A.1.2.2 应符合7.2温泉场所空气卫生指标的要求。

A.1.2.3 水质卫生参照GB/T5750、GB/T8538、GB/T18204.29等有关标准的要求。有针对性地选择指标及限值，并经卫生疾控部门检验合格。

A.1.2.4 室内外公共温泉泡池如遇明显的客流高峰，应换水并对泡池进行常规例行消毒，以能达到卫生疾控部门抽验合格为准。

二星级：

A.2.2.1 应符合7.1温泉水质卫生标准的要求。

A.2.2.2 应符合7.2温泉场所空气卫生指标的要求。

A.2.2.3 水质卫生参照GB/T5750、GB/T8538、GB/T18204.29等有关标准的要求。有针对性地选择指标及限值，并经卫生部门检验合格。

A.2.2.4 室内外公共温泉泡池应每天由企业质检部对水质卫生进行简单的观察和检测，并实行记录备案制度。每月至少进行一次由卫生疾控部门对水质与环境卫生进行检查。

A.2.2.5 室内外公共温泉泡池如遇明显的客流高峰，应换水并对泡池进行常规例行消毒，以能达到卫生疾控部门抽验合格为准。

三星级：

A.3.2.1 应符合7.1温泉水质卫生标准的要求。

A.3.2.2 应符合7.2温泉场所空气卫生指标的要求。

A.3.2.3 水质卫生参照GB/T5750、GB/T8538、GB/T18204.29等有关标准的要求。有针对性地选择指标及限值，并经卫生疾控部门检验合格。

A.3.2.4　室内外公共温泉泡池应每天由企业质检部对水质卫生进行简单的观察和检测，并实行记录备案制度。每月至少进行一次由卫生部防疫部门对水质与环境卫生进行检验。

A.3.2.5　室内外公共温泉泡池如遇明显的客流高峰，应换水并对泡池进行常规例行消毒，以能达到卫生疾控部门抽验合格为准。

A.3.2.6　严禁提供给客人循环重复使用的泳衣（裤、帽），提倡客人自带。

A.3.2.7　应在通往沐浴温泉区的必经走道中设浸脚消毒池。

A.3.2.8　室内外公共水区的员工进入工作区域应对鞋底进行消毒。

A.3.2.9　客用的拖鞋、浴袍（巾）应每客更换并洗涤消毒。

A.3.2.10　在一年内没有发生被卫生疾控部门检验不达标，并向社会通报的情况。

四星级：

A.4.2.1　应符合7.1温泉水质卫生标准的要求。

A.4.2.2　应符合7.2温泉场所空气卫生指标的要求。

A.4.2.3　水质卫生参照GB/T5750、GB/T8538、GB/T18204.29等有关标准的要求。有针对性地选择指标及限值，并经卫生防疫部门检验合格。

A.4.2.4　室内外公共温泉泡池应设置企业化验室并配备相应设备，每天由企业质检部对水质卫生进行简单的观察和检测，并实行记录备案制度。每月至少进行一次由卫生疾控部门对水质与环境卫生进行检验。

A.4.2.5　室内外公共温泉泡池如遇明显的客流高峰，应及时换水并对泡池进行常规例行消毒，以能达到卫生疾控部门随机抽验合格为准。

A.4.2.6　客房的独立泡池应每客换水，并对泡池进行例行常规消毒。

A.4.2.7　严禁向客人提供或出租循环使用的泳衣（裤、帽），提倡客人自带。

A.4.2.8　应在通往沐浴温泉区的必经走道中设浸脚消毒池。

A.4.2.9　室内外公共水区的员工进入工作区域应对鞋底进行消毒。

A.4.2.10　客用的拖鞋、浴袍（巾）应每客更换并洗涤消毒。

A.4.2.11　在半年内没有发生被卫生疾控部门检验不达标，并向社会通报的情况。

五星级：

A.5.2.1　应符合7.1温泉水质卫生要求。

A.5.2.2　应符合7.2温泉场所空气卫生指标要求。

A.5.2.3　水质卫生参照GB/T5750、GB/T8538、GB/T18204.29等有关标准的要求。有针对性地选择指标及限值，并经卫生疾控部门检验合格。

A.5.2.4　室内外公共温泉泡池应设置企业化验室并配备相应设备，每天由企业质检部对水质卫生进行简单的观察和检测，并实行记录备案制度。每月至少进行一次由卫生疾控部门对水质与环境卫生进行检验。

A.5.2.5　室内外公共温泉泡池如遇明显的客流高峰，应至少每天一次换水并对泡池进行常规例行消毒，以能达到卫生疾控部门进行随机抽验合格为准。

A.5.2.6　客房或SPA的独立泡池应每客换水，并对泡池进行例行常规消毒。

A.5.2.7　严禁向客人提供或出租循环使用的泳衣（裤、帽）；提倡客人自带。

A.5.2.8　应在通往沐浴温泉区的必经走道中设浸脚消毒池。

A.5.2.9　室内外公共水区的员工进入工作区域应对鞋底进行消毒。

A.5.2.10　客用的拖鞋、浴袍（巾）应每客更换并洗涤消毒。

A.5.2.11　在半年内没有发生被卫生疾控部门检验不达标，并向社会通报的情况。

释义：

1. 对于不同星级的温泉，对于温泉水质卫生要求是一致的，达到本标准7.1的要求，即色度≤15度，浑浊度≤15NIU，但是气味则根据不同的泉质类型而定，如含有硫化氢的温泉，就会有明显的臭鸡蛋味。

2. 温泉浴池温度、pH值、尿素、菌落总数、大肠菌群、嗜肺军团菌卫生指标要达到GB/T 18204.28 游泳水温度测定方法、GB/T 5750.2 生活饮用水标准检验方法水样的采集与保存、GB/T 5750.4 生活饮用水标准检验方法感官性状和物理指标、GB/T 18204.29游泳水中尿素测定方法、GB/T 18204.9 游泳池水微生物检验方法细菌总数测定、GB/T 18204.10 游泳池水微生物检验方法大肠菌群测定等标准。但是因为温泉泡浴会让人产生大量的汗液，所以尿素等相关指标有可能超出泳池标准的指标。在做具体评定时，可适当放松相关指标。

3. 卫生疾控部门对温泉水质卫生进行抽验，一星级温泉对于抽验的频率没有规定，二星至五星的要求至少每月抽验一次。对于卫生疾控部门的级别，本标准没有要求，可由县级以上卫生疾控部门抽验。

4. 二星、三星要求设有质检部门，对水质进行简单的观测和检验，四星、五星则要求设立化验室，并配备相应的设备，对水质卫生进行监测。

5. 随着星级的提高，温泉卫生要求也相应提高，遇到客流高峰，需要及时换水（五星级要求每天换水），客房泡池和SPA泡池的温泉水要求每客一换并对池子进行常规消毒，不向客人提供循环使用的泳衣，进入水区要消毒等。

6. 如在半年内被卫生疾控部门检查不达标，并向社会通报的情况，则不能参评三星级（含）以上温泉。

2.3 温泉水区设施设备

标准原文：

必备项目有关温泉水区设施设备的要求

一星级：

A.1.3.1　有接待服务台。

A.1.3.2　有男女更衣区（室）。

A.1.3.3　有男女淋浴间和男女卫生间。

A.1.3.4　有室外温泉泡池或室内温泉泡池。

二星级：

A.2.3.1　有接待服务台。

A.2.3.2　有与水区接待规模相适应的男女更衣区（室）。

A.2.3.3　有男女淋浴间和男女卫生间。

A.2.3.4　有室外温泉泡池或室内温泉泡池。

三星级：

A.3.3.1　应有独立的接待前厅，且面积与水区规模相适应。

A.3.3.2　接待前厅的功能布局合理，且能保证为客人提供服务。

A.3.3.3　应设有与水区接待规模相适应的男女更衣区（室）。

A.3.3.4　男女更衣区（室）应有梳妆功能。

A.3.3.5　男女更衣区（室）的室内温度应在24℃~27℃。

A.3.3.6　有与水区接待规模相适应的男女淋浴间和男女卫生间，并符合GB/T14308中的相关要求。

A.3.3.7 有室外温泉泡池或室内温泉泡池。

A.3.3.8 有与接待规模相适应的室内或室外水区休息区。

A.3.3.9 应设有营业场所示意图、温泉水水温、泉质介绍及营业时间、价格等信息公示设施，保证宾客获取相关信息。

A.3.3.10 应有泳衣、泳裤、泳帽等沐浴用品出售的柜台。

四星级：

A.4.3.1 应有独立的接待前厅，且面积与水区规模相适应。

A.4.3.2 接待前厅的功能布局合理，且能保证为客人提供便捷的服务。

A.4.3.3 应设有与水区接待规模相适应的男女更衣区（室）。

A.4.3.4 男女更衣区（室）有相对独立的梳妆区，并配备必需的用品。

A.4.3.5 男女更衣区（室）的室内温度应在24℃~27℃，并配有电子显示牌或空调开关面板上能显示即时温度。

A.4.3.6 有与水区接待规模相适应的男女淋浴间，淋浴种类至少两种。

A.4.3.7 有男女卫生间，并应符合GB/T14308中的相关要求。

A.4.3.8 有室内外温泉泡池，泡池种类2种以上（含2种），如不同温度的泡池、添加中草药辅料的泡池、按摩池等。

A.4.3.9 有与接待规模相适应的室内或室外水区休息区。

A.4.3.10 应有泳衣、泳裤、泳帽等沐浴用品出售的商场或柜台。

五星级：

A.5.3.1 应有独立的接待前厅，且面积与水区规模相适应。

A.5.3.2 接待前厅的功能布局合理，且能保证为客人提供便捷优质的服务。

A.5.3.3 应设有与水区接待规模相适应的男女更衣区（室）。

A.5.3.4 男女更衣区（室）有相对独立的梳妆区，并配备必需的用品。

A.5.3.5 男女更衣区（室）的室内温度应在24℃~27℃，并配有电子显示牌或空调开关面板上能显示即时温度。

A.5.3.6 有与水区接待规模相适应的男女淋浴间，淋浴种类至少两种。

A.5.3.7 有男女卫生间，并应符合GB/T14308中的相关要求。

A.5.3.8 有室内外温泉泡池，应设置固定可更换的电子显示板显示即时温度，并配有灯光照明。

A.5.3.9 有室内温泉泡池，泡池种类四种以上，如不同温度的泡池及药物池和按摩池等。

A.5.3.10 有与接待规模相适应的室内外水区休息区。

A.5.3.11 应有泳衣、泳裤、泳帽等沐浴用品出售的商场。

A.5.3.12 温泉游乐水区应提供浴袍、浴巾、毛巾各1件。

释义：

1. 温泉水区的设施和设备随着星级的升高要求不断提高。基础的要求需要具有接待区、男女更衣间、有男女淋浴间和男女卫生间、有室外温泉泡池或室内温泉泡池。

2. 三星级（含）以上，对男女更衣间的温度做了要求（24℃~27℃），而且四星和五星的要求显示即时温泉。

3. 三星级（含）以上，要求有与水区规模相适应的男女淋浴间，和卫生间，淋浴间隔断建议不低于更衣柜总数量的5%，卫生间要符合GB/T 14308旅游饭店星级的划分与评定标准的规定。

4. 四、五星温泉对室内外温泉泡池的种类做了要求，四星要求有两种以上泡池，这里的种类可以是不同的温度，或是不同的功能（如冲击浴、漩涡浴等），也可以是加入不同的中药药包。

5. 五星级温泉要求提供浴袍、浴巾、毛巾各一件，是指五星级温泉可根据宾客需要，提供上述物品。温泉客房内配置的浴袍，亦可视同本项要求所指的浴袍。对于四星（含）以下温泉没有要求。

6. 室内外温泉泡池应设置即时温度显示装置。如手动填写温度公告，则应保证即时、准确，更新密度冬季不大于30分钟、其他季节不大于60分钟，同时应配备供检查即时温度的水温温度计。

2.4 温泉服务

标准原文：

必备项目有关温泉服务的要求

一星级：

A.1.4.1 能为客人提供12h的沐浴服务。

A.1.4.2 有"温泉沐浴安全须知"。其内容应包括禁忌、洁身、私人物品保管等安全卫生注意事项。

二星级：

A.2.4.1 能为客人提供14h的沐浴服务。

A.2.4.2 温泉入口处应有"沐浴温泉安全须知"。其内容应包括禁忌、洁身、私人物品保管及安全卫生注意事项。

三星级：

A.3.4.1 在温泉公共室内外水区能为客人提供有限的服务。

A.3.4.2 温泉入口处应展示中外文对照的"沐浴温泉安全须知"。其内容应包括禁忌、洁身、私人物品保管及应在宾客需要的地点设立其他注意事项，且服务人员应能做解释和提示。

A.3.4.3 至少有具备国家职业技能资格的保健按摩师1人。

A.3.4.4 至少有具备国家职业技能资格的足部保健师2人。

四星级：

A.4.4.1 温泉入口处应展示中外文对照的"沐浴温泉安全须知"。其内容应包括禁忌、洁身、私人物品保管及应在宾客需要的地点设立其他注意事项，且服务人员应能做解释和提示。

A.4.4.2 应有专职的宾客服务人员。

A.4.4.3 至少有具备国家职业技能资格的保健按摩师3人。

A.4.4.4 至少有具备国家职业技能资格的芳香保健师1人。

A.4.4.5 至少有具备国家职业技能资格的足部保健师5人。

五星级：

A.5.4.1 在温泉公共室内外水区能为客人提供规范性和个性化的服务。

A.5.4.2 温泉入口处应展示中外文对照的"沐浴温泉安全须知"。其内容应包括禁忌、洁身、私人物品保管及应在宾客需要的地点设立其他注意事项，且服务人员应能做解释和提示。

A.5.4.3 应有专职的宾客服务人员。

A.5.4.4 应有专职会员客服人员。

A.5.4.5 独立别墅（院）的小型温泉酒店应有专职管家，提供24h服务。

A.5.4.6 至少有具备国家职业资格的保健按摩师5人。

A.5.4.7 至少有具备国家职业资格的芳香保健师2人。

A.5.4.8 至少有具备国家职业资格的足部保健师10人。

A.5.4.9 应提供温泉及相关理疗服务的预订服务。

A.5.4.10 应有完整的客史（会员）档案。

释义：

对于不同星级的温泉，要求均能提供每天超过12小时的服务；温泉入口展示沐浴温泉安全须知，三星级（含）以上需要是中外文对照，提醒、告知客人相应的温泉禁忌、重要财物保管等。

三星级（含）以上要求配具备国家职业资格的保健按摩师和足部保健师，四、五星级还要求配具备国家职业资格的芳香保健师，但是对人数要求不同（保健按摩师：三星级1人，四星级3人，五星级5人；足部保健师：三星级2人，四星级5人，五星级10人；芳香保健师：三星级不做要求，四星级1人，五星级2人）。

上述持证技师的要求对应着相应的经营项目，如参评企业未开展上述某类经营项目，则无对应持证技师的要求。四、五星级温泉应至少具备保健按摩、足部保健、芳香保健三个服务项目中的一项服务项目。如开展了上述某类经营项目，而不具备相应的持证技师，则按照"一条否决"的要求执行。

四、五星级要求有专职的宾客服务人员。五星级还要求有专职的会员客服人员，独立别墅（院）的小型温泉酒店要求提供24小时的专职管家服务，还要有完整的客史（会员）档案。

2.5 规划与环保

标准原文：

必备项目有关规划与环保的要求

一星级：

A.1.5.1 使用后排放的尾水应达到市政和环保规定标准。

二星级：

A.2.5.1 使用后排放的尾水应达到市政和环保规定标准。

A.2.5.2 对温泉周边的景观资源及其他环境资源制定了保护措施并认真实施。

三星级：

A.3.5.1 有符合GB/T18971和建筑节能、水土保持、生态环保的完整规划与设计成果。规划成果达到国内先进水平，具有较强的可操作性。温泉企业按规划进行建设与运营管理。

A.3.5.2 中水过后的尾水处理技术及设备达到国内水平，使用后排放的中水应达到市政和环保规定标准。

A.3.5.3 对温泉周边的景观资源及其他环境资源制定了保护措施并认真实施。

A.3.5.4 新建项目或改扩建项目应做环评规划，并获批准。

四星级：

A.4.5.1 有符合GB/T18971和建筑节能、水土保持、生态环保的完整规划与设计成果。规划成果达到国内先进水平，具有较强的可操作性。温泉企业按规划进行建设与运营管理。

A.4.5.2 中水过后的尾水处理技术及设备达到国内先进水平，在不影响温泉泉质的情况下，鼓励温泉水循环使用，使用后排放的中水应达到市政和环保规定标准。

A.4.5.3 温泉水资源循环利用于景观、绿化、农业灌溉或渔业养殖等。

A.4.5.4 对温泉周边的景观资源及其他环境资源制定了保护措施并认真实施。

A.4.5.5 新建项目或改扩建项目应做环评规划，并获批准。

五星级：

A.5.5.1 有符合GB/T18971和建筑节能、水土保持、生态环保的完整规划与设计成果。规划成果达到国内先进水平，具有较强的可操作性。温泉企业按规划进行建设与运营管理。

A.5.5.2 中水过后的尾水处理技术及设备达到国内先进水平，使用后排放的中水应达到市政和环保的相关规定标准。

A.5.5.3 温泉水资源循环利用于景观、绿化、热循环或种养殖业等。

A.5.5.4 对温泉周边的景观资源及其他环境资源制定了保护措施并认真

实施。

A.5.5.5 符合《节水型城市考核标准》建城[2006]140号文件的相关规定或符合当地政府关于温泉（地热水）资源的相关管理规定。

A.5.5.6 新建项目或改扩建项目应做环评规划，并获批准。

A.5.5.7 符合LB/T007绿色旅游饭店中的相关要求。

A.5.5.8 每位客人应提供浴袍、浴巾、毛巾各1件。

释义：

1. 温泉的规划与环保，三星级（含）以上要求达到GB/T 18971旅游规划通则的要求，并且有建筑节能、水土保持、生态环保的完整规划。一星级至三星级的尾水排放需要达到市政和环保规定标准，四星级、五星级的尾水处理技术及设备达到国内先进水平。

2. 三星级至五星级，新建项目或改扩建项目应做环评规划，并获批准。

2.6 景观与文化

标准原文：

必备项目有关景观与文化的要求

一星级：不做要求

二星级：不做要求

三星级：

A.3.6.1 场所及服务项目能结合所在地区的历史文化、人文特征和周边资源特点。

四星级：

A.4.6.1 场所及服务项目紧密结合所在地区的历史文化、人文特征和周边资源特点等，有一定的资源互补性、文化融合性及创新性。

A.4.6.2 场所周边有旅游景区或自然保护区、旅游度假区、森林公园、海洋、湖泊、江河、湿地等资源有共融性。

A.4.6.3 室内外温泉泡池具有良好的景观视觉。

五星级：

A.5.6.1 场所及服务项目紧密结合所在地区的历史文化、人文特征和周边资源特点等，有较强的资源互补性、文化融合性及创新性。

A.5.6.2 场所周边有特色突出的旅游景区、自然保护区、旅游度假区、森林公园、海洋、湖泊、江河、湿地等。

A.5.6.3 场所能从极佳的视觉观赏周边旅游景区的高品质景观。

A.5.6.4 室内外公共温泉水区的设计、装饰风格具有特色鲜明的当地民族或典型异域风格。

A.5.6.5 室内外温泉泡池具有优美的景观视觉。

释义：

景观与文化方面，一星级与二星级不做要求。三星级以上（含三星级）需要场所及服务项目能结合所在地区的历史文化、人文特征和周边资源特点。四、五星级还要求资源互补与文化融合和创新，并要求周边有特色突出的旅游景区、自然保护区、旅游度假区、森林公园、海洋、湖泊、江河、湿地等。五星级温泉还要求室内外公共温泉水区的设计、装饰风格具有特色鲜明的风格。

2.7 交通与安全

标准原文：

必备项目有关交通与安全的要求

一星级：

A.1.6.1 应急安全事故处理预案。

A.1.6.2 应符合国家有关消防安全法律的规定。

A.1.6.3 有防暴雨、防雷电、防台风、防火等灾害性应急措施。

A.1.6.4 对高温区、深水区等危险源应采取安全防范措施并配有水深、温度等相关警示和指示标识。

A.1.6.5 应对室内外公共温泉水区的员工开展过相关的救护知识的培训，并与附近医院建有120联动机制。

A.1.6.6 室内外公共温泉水区应配有相关的救护设备和用品。

二星级：

A.2.6.1 有应急安全事故处理预案。

A.2.6.2 应符合国家有关消防安全法律的规定。

A.2.6.3　有防暴雨、防雷电、防台风、防火等灾害性应急措施。

A.2.6.4　对高温区、深水区等危险源应采取安全防范措施并配有水深、温度等相关警示和指示标识。

A.2.6.5　应对室内外公共温泉水区的员工开展过相关的救护知识的培训，并与附近医院建有120联动机制。

A.2.6.6　室内外公共温泉水区应配有相关的救护设备和用品。

三星级：

A.3.7.1　全面制定应急安全事故处理预案。

A.3.7.2　应制定安全管理制度并严格执行。

A.3.7.3　应符合国家有关消防安全法律、法规标准。

A.3.7.4　应进行例行安全检查并做好记录，及时发现并排除隐患。

A.3.7.5　制定防暴雨、防雷电、防台风、防火等灾害性应急措施。

A.3.7.6　对高温区、深水区等危险源应采取安全防范措施并配有水深、温度等相关警示和指示标识。

A.3.7.7　应对室内外公共温泉水区的员工开展过相关的救护知识的培训，并与附近医院建有120联动机制。

A.3.7.8　室内外公共温泉水区应配有相关的救护设备和用品。

四星级：

A.4.7.1　交通设施完善，进出便捷，可进入性好。

A.4.7.2　全面制定应急安全事故处理预案。

A.4.7.3　应制定安全管理制度并严格执行。

A.4.7.4　应符合国家有关消防安全法律、法规标准。

A.4.7.5　应进行例行安全检查并做好记录，及时发现并排除隐患。

A.4.7.6　制定防暴雨、防雷电、防台风、防火等灾害性应急措施。

A.4.7.7　对高温区、深水区等危险源应采取安全防范措施并配有水深、温度等相关警示和指示标识，并配有电子显示牌显示即时温度，误差不能超过正负2℃。

A.4.7.8　应对室内外公共温泉水区的员工开展过相关的救护知识的培训，并与附近医院建有120联动机制。

A.4.7.9 室内外公共温泉水区应配有相关的救护设备和用品。

五星级：

A.5.7.1 交通设施完善，进出便捷，可进入性极强。

A.5.7.2 全面制定应急安全事故处理预案。

A.5.7.3 应制定安全管理制度并严格执行。

A.5.7.4 应符合国家有关消防安全法律、法规标准。

A.5.7.5 应进行例行安全检查并做好记录，及时发现并排除隐患。

A.5.7.6 制定防暴雨、防雷电、防台风、防火等灾害性应急措施。

A.5.7.7 对高温区、深水区等危险源应采取安全防范措施并配有水深、温度等相关警示和指示标识。

A.5.7.8 应设有医务室；并有执业资格的医务人员；与附近医院建有120联动机制。

A.5.7.9 应对室内外公共水区的员工开展相关的救护知识的培训，并有内部救护应急预案，对于有大型水池的场所，应配备相应人数的专职救生员。

A.5.7.10 室内外公共温泉水区应配有相关的救护设备和用品。

释义：

1. 因为温泉度假村的位置一般远离城市，所以要求有应急安全事故处理预案，有符合国家有关消防安全法律的规定，并有防暴雨、防雷电、防台风、防火等灾害性应急措施。

2. 针对温泉的特殊性，对高温区、深水区等危险源应采取安全防范措施并配有水深、温度等相关警示和指示标识，室内外公共温泉水区应配有相关的救护设备和用品。四星级温泉还要求温泉泡池并配有电子显示牌显示温泉水即时温度，误差不能超过正负2℃。

3. 在急救方面，从一星级到五星级，均要求与周边医院建有120联动机制，实施有效救助，而五星级的温泉，则要求配有执业资格的医务人员。

2.8 房务、餐饮、会务

标准原文：

必备项目有关房务、餐饮、会务的要求

一星级： 不做要求

二星级： 不做要求

三星级：

A.3.8.1　有中餐厅。

A.3.8.2　有供客人休息且提供饮品服务的场所。

A.3.8.3　有菜单及饮品单。

四星级： 参照GB/T14308。

五星级： 参照GB/T14308。

释义：

房务、餐饮、会务方面，一、二星级温泉不做要求。三星级温泉提出了简单的要求，如有中餐厅，有供客人休息且提供饮品服务的场所，有菜单及饮品单。四、五星级的温泉则要求达到GB/T 14308旅游饭店星级的划分与评定所规划的四星级及五星级饭店的要求。

温泉水质评价表释义

3.1 温泉水质感官指标

温泉水质感官指标应符合表B.1的规定

表B.1 感官指标及其限值

指标	限值
色度/度	≤15
浑浊度/NTU	≤5
气味	根据不同的泉质类型而定

释义：

1. 色度（水质）是指水质分析和环境监测中水质的一项感官指标，表示水质带颜色的程度。温泉水的色度检测通常使用铂钴比色法，参照国际标准《水质颜色的检验与测定》ISO 7881–1985的规定，此法适用于清洁水、轻度污染水并略带黄色调的水，比较清洁的地表水、地下水和饮用水。应由具备相关资质的专业检测机构出具检测报告书。

2. NTU是指散射浊度单位，是国际上通用的衡量水质浑浊度的计量单位。我国《公共浴池水质标准》CJ/T325–2010 国家行业标准中对浑浊度的限值是≤1，根据温泉水质的实际特点，不仅有各类矿物质，有些自涌泉还会有小气泡，都会影响到温泉水质的透明度，因此本标准中规定了浑浊度/NTU的限值为≤5。应由具备相关资质的专业检测机构出具检测报告书。

3. 气味是指物质中化学组分中某些分子的析出或挥发，经由鼻子及眼角泪道能区分辨析的气体特性（不包括饮用）。根据我国温泉地热资源的普查情况及主要的泉质分类，本标准中对温泉水质感官指标及其限值的气味要求只允许含有硫酸根离子的温泉水质有硫化氢的气味，其他类型的泉质均不允许有刺激性及令人不愉悦的气味。温泉企业星级评定检查员根据有关温泉水质检测报告书，现场检查判定，如有疑问，检查员可在书面反馈整改建议书中提请重新进行针对性项目再次进行专业检测。

3.2 温泉水质理化指标

标准原文：

温泉水质理化指标中的特征性指标应符合表B.2.1的规定。

表B.2.1 特征性指标及其限值

指标	限值
pH	5.8~9.0
溶解性总固体/（mg/L）	200~400
碳酸氢盐（以HCO_3^-计）/（mg/L）	110~250
偏硅酸（以H_2SiO_3计）/（mg/L）	66~120
氟化物（以F^-计）/（mg/L）	5~15
钠（Na）/（mg/L）	40~65
氡（Rn）/（Bq/L）	60~140

释义：

以具有资质的专业检测机构出具的温泉（地热水）资源地勘论证报告及温泉水质检测报告书为依据，综合研究判定，此项工作应由全国或省级温泉旅游企业星级评定机构所属的专家委员会负责组织完成，专家组成员应由旅游、国土、质监、卫生等部门、行业协会及相关科研院校等机构的专业技术人员组成。

标准原文：

温泉水质理化指标中的非特征性指标应符合表B.2.2的规定

表B.2.2　非特征性指标及其限值

指标	限值
氰化物（以CN⁻计）/（mg/L）	≤0.2
汞（Hg）/（mg/L）	≤0.0001
砷（As）/（mg/L）	≤1.0
铅（Pb）/（mg/L）	≤0.05
镉（Cd）/（mg/L）	≤0.005
滴滴涕/（mg/L）	≤1.0
六六六/（mg/L）	≤0.06
四氯化碳/（mg/L）	≤0.002
挥发性酚类（以苯酚计）/（mg/L）	≤0.005
阴离子合成洗涤剂/（mg/L）	≤0.2

释义：

以具有资质的专业检测评估机构出具的专项温泉水质卫生检测报告书和温泉水质环评规划报告为依据，并结合地方政府对温泉水源（自涌泉及温泉地热井）周边的有关保护法律法规及管理办法，检查员应结合实地踏勘，查看申评温泉企业及温泉水源地周边半径1公里范围内的工业、农业、服务业及当地居民生活的基本情况，进行综合性的初步判定，如有疑问，可以要求申评的温泉企业或地方温泉旅游企业星级评定机构帮助约见出具相关专业检测评估报告的机构有关工作人员，也可要求约见当地卫生疾控和环保部门的有关工作人员了解核实，因为表B.2.2中所涉及的十项物质化学组分超限值大多是由于生产生活中，不遵守有关环境保护法律法规所造成的污染后果。

3.3　温泉水质卫生指标

标准原文：

表B.3给出了温泉浴池水质卫生标准中的主要标准限值

表B.3　温泉浴池水质卫生标准

项　　目		标 准 值
温度，℃	浴　池	≤43.0
	沐足池	≤45.0
pH值		5.8~9.0
尿素，mg/L		≤3.5
菌落总数，CFU/mL		≤1000
大肠菌群，CFU/L		≤18
嗜肺军团菌		不得检出

释义：

此项温泉水质卫生标准的检测工作应由当地卫生疾控部门负责，温泉企业应将其有效期内的水质卫生检测报告及水质卫生许可证悬挂于温泉水区前厅的明显处公示。

3.4　温泉水质检测方法

标准原文：

检测要求：抽样、型式检测、判定规则

1. 抽样

在沐浴温泉水区服务场所，随机选定沐浴点（沐浴池）待检:在每个待检沐浴点（沐浴池）中均匀采集不少于3L的沐浴温泉水样品。检验样本采集方案按表B.4的规定执行。对于加入中药、酒、牛奶等辅助的沐浴水池，感官指标检验样品应在加入辅料之后采集沐浴温泉水样品。

表B.4　检验样本采集方案　　　　　　　　　　　单位：（个）

经营规模（池点）/场所	抽取样本量/个
10点以下	2~4
10点~50点	6~8
51点~100点	8~12
100点以上	12~20

2. 型式检验

检验项目：感官指标、特征性指标、卫生指标。

型式检验包括本规范规定的所有水质指标，检验频次为每年不少于一次，连续三年监督检验均出现不合格项，进行一次型式检验。

3. 判定规则

若卫生指标、非特征性指标的检验结果出现不合格项，则判定该批次沐浴温泉水质不合格。

若感官指标和特征性指标的检验结果出现不合格项，应进行加倍采样复检，若复检结果合格则判定为合格，若复检结果仍出现不合格项，则判定该批次沐浴温泉水质不合格。

释义：

为保证温泉泉质的特性，对于加入中草药、酒类、牛奶、咖啡、花卉等辅料的温泉泡池，感官指标检验样品应在加入辅料前采集沐浴温泉水样品。为保证温泉水质的理化指标和卫生指标，应在加入辅料后采集沐浴温泉水样品。

医疗热矿水水质标准分类表释义

4.1 医疗热矿水水质分类

标准原文：

表C.1 给出了温泉作为医疗热矿水水质分类的参考依据

表C.1   单位：mg/L

成分	有医疗价值浓度	矿水浓度	命名矿水浓度	矿水名称
二氧化碳	250	250	1000	碳酸水
总硫化氢	1	1	2	硫化氢水
氟	1	2	2	氟水
溴	5	5	25	溴水
碘	1	1	5	碘水
锶	10	10	10	锶水
铁	10	10	10	铁水
锂	1	1	5	锂水
钡	5	5	5	钡水
偏硼酸	1.2	5	50	硼水
偏硅酸	25	25	50	硅水
氡Bq/L	37	47.14	129.5	氡水

注：本表引自GB/T11615–2010

释义：

1. 医疗热矿水首先要符合温泉水温≥34℃，矿化度≥1000mg/L这两个基本要素，其次是根据温泉水中相关矿物质及微量元素含量（化学成分）的多少来划分热矿水的浓度，由低到高分为两种类型：一是具有（达到）医疗价值浓度的热矿泉，二是达到命名矿水浓度的热矿泉。

2. 具有资质的专业检测机构通常只是根据现有的国家标准出具温泉水质检测（检验）报告书，因此对达到具有医疗热矿水浓度和达到命名矿水浓度的论证评定工作，应由省级温泉旅游企业星级评定机构或省级天然矿泉水鉴定机构组织有关专家评审后，出具认证结论。

3. 对于温泉水中氡元素的检测认证工作，在上述专业检测机构出具检测（检验）报告书后，还应由具有放射性资质的特种专业检测机构出具专项检测（检验）及评估报告书。

4.2 医疗热矿水泉质分类

标准原文：

表C.2给出了温泉作为医疗热矿水泉质类型的参考依据（限值表）。

表C.2 单位：mg/L

分类	名称	矿化度	主要成分	特殊成分 阳离子 阴离子
1	氡泉			$Rn \geq 129.5Bq/L$
2	碳酸泉			$CO_2 \geq 1000mg/L$
3	硫化氢泉			总S量 $\geq 2.0mg/L$
4	铁泉			Fe^{2+}、$Fe^{3+} \geq 10mg/L$
5	碘泉			$I^- \geq 5.0mg/L$
6	溴泉			$Br^- \geq 25mg/L$
7	硅酸泉			$H_2SiO_3 \geq 50mg/L$
8	重碳酸盐泉	≥1000mg/L	HCO_3^-、Na^+、Ca^{2+}、Mg^{2+}	
9	硫酸盐泉	≥1000mg/L	SO_4^{2-} Na^+、Ca^{2+}、Mg^{2+}	
10	氯化物泉	≥1000mg/L	Cl^- Na^+、Ca^{2+}、Mg^{2+}	

释义：

1. 目前我国对已发现的医疗热矿水泉质类型做了基本的分类，共有11种。其中淡温泉是含有上述10种医疗热矿水中的某些主要成分或特殊成分，但其矿化度的浓度≤1g/L。现实中我国还有些地方的医疗热矿水存在着复合型的情况。

2. 对于温泉水中氡元素的检测认证工作，在常规专业检测机构出具检测（检验）报告书后，还应由具有放射性资质的特种专业检测机构出具专项检测（检验）及评估报告书。

公共场所集中空调通风系统卫生规范释义

5.1 规范要求

1. 表D.1给出了新风量卫生要求。

表D.1

场 所		新风量（m³/h·人）
饭店、宾馆	3~5星级	≥30
	1~2星级	≥20
	非星级	≥20
饭馆（餐厅）		≥20
影剧院、音乐厅、录像厅（室）		≥20
游艺厅、舞厅		≥30
酒吧、茶座、咖啡厅		≥10
体育馆		≥20
商场（店）、书店		≥20

2. 表D.2给出了送风量卫生要求。

表D.2

项 目	要 求
PM10	≤0.08 mg/m³
细菌总数	≤500 cfu/m³
真菌总数	≤500 cfu/m³
b–溶血性链球菌等致病微生物	不得检出

3. 表D.3给出了风管表面卫生要求。

表D.3

项　目	要　求
积尘量	≤20 g/m²
致病微生物	不得检出
细菌总数	≤100 cfu/cm²
真菌总数	≤100 cfu/cm²

4. 表D.4给出了空气净化消毒装置的卫生安全性要求。

表D.4

项目	允许增加量
臭氧	≤0.10 mg/m³
紫外线 （装置周边30cm处）	≤5 mw/cm²
TVOC	≤0.06 mg/m³
PM10	≤0.02 mg/m³

5. 表D.5给出了空气净化消毒装置性能的卫生要求。

表D.5

项目	条　件	要　求
装置阻力	正常送排风量	≤50 Pa
颗粒物净化效率	一次通过	≥50%
微生物净化效率	一次通过	≥50%
连续运行效果	24小时运行前后净化效率比较	效率下降＜10%
消毒效果	一次通过	除菌率≥90%

释义：

1. 表D.1-D.5的检测工作应由当地卫生疾控部门负责。

2. 温泉企业在相关管理规定及服务流程中，应特别关注室内温泉水区、客房内泡池、更衣区、休息区的空气环境指标，并应建立企业内部质检制度。

设施设备评分表释义

6.1 温泉资源

序号	评定项目	各大项总分	各分项总分	各分项总分	各小项总分	各次小分项总分	计分	记分栏	记分栏	记分栏
1	温泉资源	50								
1.1	泉质		20							
1.1.1	达到命名矿水浓度			20						
1.1.2	达到有医疗价值浓度			10						
1.2	泉（井）口水温		10							
1.2.1	70℃以上			10						
1.2.2	50℃~70℃			8						
1.2.3	37℃~50℃			6						
1.2.4	25℃~37℃			4						
1.3	类型（在同一企业区域内）		10							
1.3.1	有3种以上不同类型的温泉（含3种）			8						
1.3.2	有2种以上不同类型的温泉（含2种）			6						
1.3.3	同时有冷泉			2						
1.4	日出水量		10							

序号	评定项目	各大项总分	各分项总分	各分项总分	各小项总分	各次小分项总分	计分	记分栏	记分栏	记分栏
1.4.1	10000立方米以上			10						
1.4.2	5000~10000立方米			8						
1.4.3	2000~5000立方米			6						
1.4.4	2000立方米以下			4						

释义:

温泉资源此大项总分为50分,由泉质(20分)+泉(井)口水温(10分)+类型(10分)+日出水量(10分)4个分项总分之合组成。

1. 泉质

泉质是指不同类型的温泉,是依据(附录C)对温泉水中主要化学组分的含量及矿化度的相关数值来判定的,以省级温泉品质检测认定机构或省级国土资源部门天然矿泉水检测机构的有关温泉水检测/验报告书为依据,经有关专家组集体研究论证得出的结论。达到命名矿水浓度的温泉获评20分,达到有医疗价值浓度的温泉获评8分,达不到这2项泉质标准的温泉则不得分,因为这2项指标是判定医疗热矿水泉质的基础标准要求。此分项总分的20分是属于选择性计分制,符合项目则加上对应的分数。

2. 水温

水温是指温泉出水口处的现场检测温度(不超过水面下20cm)。

3. 温泉的类型

温泉的类型是指在同一温泉企业经营管理的区域内,有若干个温泉出水点(包括自然涌出及人工钻井),而且各自温泉水中的主要化学组分不同,目前根据我国现有的温泉地热相关标准分类,主要有11种(详见附录C中的表C.2);同时有冷泉是指在同一温泉企业经营管理区域内,有与某种类型温泉泉质相同或相近的化学组分,水温<25C°的矿水,并且温泉企业应将不同类型的温泉及冷泉都在用于经营。此分项总分的10分是属于选择性和累加双重计分制,即选择对应

的泉质类型分数由加上是否有冷泉的分数。

标准原文：

6.2 规划与环保

序号	评定项目	各大项总分	各分项总分	各分项总分	各小项总分	各次小分项总分	计分	记分栏	记分栏	记分栏
2	规划与环保	30								
2.1	规划		10							
2.1.1	编制地热资源综合利用规划			4						
2.1.2	编制温泉旅游总体规划或控制性规划			3						
2.1.3	编制专项环境评价规划			2						
2.1.4	编制专项地质灾害评价报告书			1						
2.2	环保		16							
2.2.1	利用地热先进技术			8						
2.2.1.1	综合利用地热发电、采暖、加温				8					
2.2.1.2	用地热发电				6					
2.2.1.3	用热交换给水加温				4					
2.2.2	综合节水措施（处理后的中水）			8						
2.2.2.1	综合用于清洁卫生、景观、绿化及种养殖等				8					
2.2.2.2	用于景观				2					
2.2.2.3	用于绿化				2					
2.2.2.4	用于企业特色养殖				2					
2.2.2.5	用于企业特色种植				2					
2.3	泉（井）口保护区		4							
2.3.1	在50m范围内禁止一切建筑物			4						
2.3.2	在20m范围内禁止一切建筑物			2						

释义：

规划与环保此大项总分为30分，是由规划（10分）+环保（16分）+泉（井）保护区（4分）三个分项总分之和组成。

1. 规划

规划是指由有资质的专业机构编制，并通过有关专家评审，最终经有关政府部门批准实施的规划，通常受委托编制的机构是：地热资源综合利用规划是由国土部门的地质地勘机构编制；温泉旅游总体规划或控制性规划是由具有旅游规划资质的机构编制；专项环境评价规划是由环保部门的机构编制；专项地质灾害评价报告书是由国土部门的地质环境监测机构编制。有相关资质的科研院校也可受委托编制有关规划。此分项总分10分是累加计分制，有一项则加上对应的分数。

2. 环保

环保是指能充分利用温泉地热这种自然资源，达到节能环保、清洁能源、循环经济、绿色生态的目的。

（1）利用地热先进技术是指温泉企业利用温泉地热的自然资源，依据《地源热泵系统工程技术规范》GB50366-2005国家标准，使用了地源热泵工程技术及设备，并解决了整体建筑物中央空调或由多个建筑物组成的小型中央空调的采暖、制冷、给生活及生产（种养殖等）用水加温等方面的能源问题，替代了传统电、煤、柴油等非清洁能源。用地热发电是指温泉企业所在的地区有地热发电厂供电，则获评6分。如温泉企业自己建有小型的地热发电设施，能实现自给自足供电，则属于上一项综合利用获评8分。用热交换给水加温是指通过简单温泉地热交换设施，给泡池、沐浴及生活或生产用水加温。此3个次分项总分为8分，各小项总分（得分数值）分别为：8分、6分、4分，是属于选择性计分制。

（2）综合节水措施是指温泉水和其他类水资源的综合利用规划和实施，包括依据相关国家标准要求建设的中水系统、雨水收集系统、温泉水循环及多用途系统等，能综合用于清洁卫生、景观、绿化、用于企业特色养殖或种植四个方面的则获评8分；用于景观，绿化、清洁卫生三个方面的则获评6分；用于绿化和清洁卫生的则获评4分；仅用于温泉本企业特色养殖或种植的则可分别获评2分。此次分项总分为8分，由5个小项总分组成，是属于选择性和累加双重计分制。

3. 泉（井）保护区

泉（井）保护区是指在温泉水源出露点设定保护区的有关管理规定及措施。具体分为在温泉企业自己的每个温泉水源出露点为中心，直线距离50米范围内无任何建筑物的获评4分；直线距离20米范围内无任何建筑物的获评2分（出露点自身的保护性建筑除外）。

标准原文：

6.3 卫生设施设备

序号	评定项目	各大项总分	各分项总分	各分项总分	各小项总分	各次小分项总分	计分	记分栏	记分栏	记分栏
3	卫生设施设备	30								
3.1	水质卫生		12							
3.1.1	有中央水质过滤消毒系统设备			5						
3.1.2	有小型专用消毒设备			3						
3.1.3	有化验室和培训合格的化验员			2						
3.1.4	有砂缸过滤器			1						
3.1.5	人工添加消毒剂			1						
3.2	用品用具卫生		10							
3.2.1	有专用的臭氧消毒室			4						
3.2.2	有专用的紫外线消毒室			3						
3.2.3	有专用的电子消毒柜			2						
3.2.4	有专用的高温消毒机			1						
3.3	洗衣房		8							
3.3.1	有专业水洗机			2						
3.3.2	有专业烘干机			2						
3.3.3	有专业烫平机			2						
3.3.4	有专业的拖鞋消毒池			2						

释义：

卫生设施设备此大项总分为30分，是由水质卫生（12分）+用品用具卫生（10分）+洗衣房（8分）三个次分项总分之和组成。

1. 水质卫生

水质卫生是指有保障温泉水质卫生和其他类生活用水的设施设备及管理制度。

（1）有中央水质过滤消毒系统设备，是指温泉企业在室内外公共水区有集中的中央水质过滤消毒系统设备。设备的运行有自身的计算机管理软件系统，并配有专门的工程设备房。

（2）有小型专用消毒设备，是指温泉企业在室内外公共水区的每个泡池或若干个泡池组均配有相对应的小型专用消毒设备。

（3）有化验室和培训合格的化验员，是指温泉企业有独立的水质检测化验室，并配有水质检测化验所必需的设施设备、用品用具，同时还要有经当地卫生疾控部门培训合格的化验员，以及相应的管理制度和岗位操作流程。

（4）有砂缸过滤器，是指温泉企业在室内外水区仅依靠简单的砂缸过滤器来进行水质净化工作。

（5）人工添加消毒剂，是指温泉企业有依据国家相关标准的要求，有相应的管理制度和岗位操作流程，并经当地卫生疾控部门审查合格的人工消毒方式和方法。

此分项总分为12分，是属于累加计分制。

2. 用品用具卫生

用品用具卫生是指温泉企业有相应的物理消毒设施设备及管理制度，来保障用品用具的卫生达标。

（1）有专用的臭氧消毒室，是指温泉企业建有独立的臭氧消毒室，可以一次性大批量对相应的用品用具进行卫生达标的消毒作业。

（2）有专用的紫外线消毒室，是指温泉企业建有独立的紫外线消毒室，可以一次性大批量对相应的用品用具进行卫生达标的消毒作业。

（3）有专用的电子消毒柜，是指温泉企业在固定的场所，配有专业的电子消毒柜，可以小批量对相应的用品用具进行卫生达标的消毒作业。

（4）有专用的高温消毒机，是指温泉企业在固定的场所，配有专业的高温消毒机器，可以小批量对相应的用品用具进行卫生达标的消毒作业。

此分项总分为10分，是属于累加计分制。

3. 洗衣房

洗衣房是指温泉企业自己建有独立的洗衣房，并配有各种专业的设施设备，以及相应的管理制度和岗位操作流程，以保证及时完成温泉企业特有的大量棉织品、针织品及非一次性拖鞋等客用品的洗涤与消毒工作。

（1）有专业洗衣机，是指温泉企业根据自身室内外水区、客房及汤屋、餐饮会议等的客容量，配置相应数量、不同规格的专业水洗机器。

（2）有专业烘干机，是指温泉企业根据所配有专业水洗机的数量及洗涤量，同时拥有相匹配的专业烘干机器，以保证能及时满足对客服务的需要。

（3）有专业烫平机，是指在洗衣房内有专业的烫平机器，主要是对各种针织品进行熨烫及平整作业。

（4）有专业的拖鞋消毒池，是指温泉企业在洗衣房或其他固定场所，建有非一次性拖鞋消毒池，用化学消毒的方法进行消毒和清洗，并要求配有拖鞋清洁封套/袋。室内外公共水区消毒后拖鞋要配有专用的清洁周转箱。严禁服务员在客房或其工作的公共水区的工作间，对拖鞋进行消毒或清洗。这是目前很多宾客及媒体关注的问题，应是星评检查的重点之一。

此分项总分为8分，是属于累加计分制。

标准原文：

6.4 水区服务设施

序号	评定项目	各大项总分	各分项总分	各分项总分	各小项总分	各次小分项总分	计分	记分栏	记分栏	记分栏
4	水区服务设施	110								
4.1	前厅接待区		20							
4.1.1	总台有接待、问讯、收银功能				2					
4.1.2	有更换拖鞋的区域（配有沙发、茶几）				2					
4.1.3	提供饮水机				1					
4.1.4	有空调，温度在20℃~24℃				3					
4.1.5	有大堂吧或茶吧				2					
4.1.6	公共卫生间				4					
4.1.6.1	材料、装修和洁具					2				
4.1.6.1.1	较好						2			
4.1.6.1.2	普通						1			
4.1.6.2	设计及设施配备					2				

序号	评定项目	各大项总分	各分项总分	各分项总分	各小项总分	各次小分项总分	计分	记分栏	记分栏	记分栏
4.1.6.2.1	齐全					2				
4.1.6.2.2	一般					1				
4.1.7	客用电梯			4						
4.1.8	有商场			2						
4.2	更衣区		10							
4.2.1	室内空气良好，温度在24℃~27℃			2						
4.2.2	更衣柜			7						
4.2.2.1	有服务员和宾客公用开启的电子锁				2					
4.2.2.2	规格尺寸				2					
4.2.2.2.1	高度不小于60cm，进深不小于55cm，宽度不小于50cm					2				
4.2.2.2.2	高度不小于50cm，进深不小于45cm，宽度不小于40cm					1				
4.2.2.3	材质、工艺、装饰				2					
4.2.2.3.1	较好					2				
4.2.2.3.2	普通					1				
4.2.2.4	不少于5个衣架				1					
4.2.3	相配套的更衣凳			1						
4.3	室内水区		40							
4.3.1	淋浴间			4						
4.3.1.1	下水保持通畅，不外溢				1					
4.3.1.2	有不少于更衣柜数量1%的淋浴隔断				1					
4.3.1.3	淋浴有水流定温和调节功能				1					
4.3.1.4	提供淋浴液、洗发液				1					
4.3.2	公共卫生间			4						
4.3.2.1	材料、装修和洁具				2					
4.3.2.1.1	较好					2				
4.3.2.1.2	普通					1				
4.3.2.2	设计及设施配备				2					
4.3.2.2.1	齐全					2				
4.3.2.2.2	一般					1				
4.3.3	梳妆区			4						
4.3.3.1	有梳妆台、凳、镜子、镜前灯或壁灯				1					

序号	评定项目	各大项总分	各分项总分	各分项总分	各小项总分	各次小分项总分	计分	记分栏	记分栏	记分栏
4.3.3.2	提供吹风机、梳子				1					
4.3.3.3	提供护肤霜、面巾纸、棉签、定发剂				1					
4.3.3.4	有脚踏式垃圾桶				1					
4.3.4	桑拿蒸房				8					
4.3.4.1	利用地热或气泉蒸房				4					
4.3.4.2	普通的干蒸房				2					
4.3.4.3	普通的湿蒸房				2					
4.3.5	泡池				17					
4.3.5.1	种类				10					
4.3.5.1.1	3个以上不同温度					2				
4.3.5.1.2	2个以上添加不同辅料					2				
4.3.5.1.3	鱼疗					2				
4.3.5.1.4	有水上游乐设施的儿童池					2				
4.3.5.1.5	人工瀑布、冲浪等水疗功能					2				
4.3.5.2	面积				7					
4.3.5.2.1	1000m²以上					7				
4.3.5.2.2	500m²以上					5				
4.3.5.2.3	200m²以上					2				
4.3.6	墙上有嵌入式电视				2					
4.3.7	有背景音乐				1					
4.4	室外水区			30						
4.4.1	泡池数量				10					
4.4.1.1	30个以上					10				
4.4.1.2	20个以上					8				
4.4.1.3	10个以上					6				
4.4.2	泡池种类				10					
4.4.2.1	20种以上					10				
4.4.2.2	10种以上					8				
4.4.2.3	5种以上					6				
4.4.3	绿化景观				5					
4.4.3.1	有专业绿化景观设计，且效果佳					5				
4.4.3.2	有绿化景观效果					3				
4.4.4	灯光效果				5					

续表

序号	评定项目	各大项总分	各分项总分	各分分项总分	各小项总分	各次小分项总分	计分	记分栏	记分栏	记分栏
4.4.4.1	有专业灯光效果设计，且效果佳				5					
4.4.4.2	有灯光效果设计				3					
4.5	二次更衣区			10						
4.5.1	区域功能设计合理，通道标志清楚				2					
4.5.2	布草柜（架）容量与更衣柜数量相匹配				2					
4.5.3	配有专业暖风机				2					
4.5.4	配有专业红外线取暖灯				2					
4.5.5	浴袍、休息服、浴巾、面巾、一次性内裤、拖鞋等必备品准备充足				2					

释义：

水区服务设施是指温泉企业室内外公共温泉水区（包括非温泉水的游泳池及其他功能性戏水池）。此大项110分是由前厅接待区（20分）+更衣区（10分）+室内水区（40分）+室外水区（30分）+二次更衣区（10分）五个分项总分之和构成。

1. 前厅接待区

前台接待区是指温泉企业室内外水区的前厅接待区（总台）。它既有与客房住宿区域总台的相同的设施设备及服务功能，又有其特殊性。因为在此接待的宾客大多数是非住店的客人。他们通过办理相关的手续后，领取的是更衣柜的手牌（钥匙），而非客房房卡（钥匙）。但也有少数宾客是领取了VIP汤屋的房卡（钥匙）。

（1）总台有接待、问询、收银功能，要能满足宾客对整体温泉企业全面产品及服务项目的了解，要能保证非住店客人在室内外公共水区范围内的各种消费可以实现分别签单，在总台收银台统一结算支付，住店客人要保证在温泉企业范围内在客房区域的总台收银台统一结算支付。

（2）有更换拖鞋的区域（配有沙发、茶几），是指有专门为宾客更换拖鞋的区域，而且配置的各种形式沙发、椅凳的数量要与更衣柜（鞋柜）的数量相匹配。要保证宾客在领取手牌（钥匙）后能及时更换拖鞋。

（3）要有空调（不限类型），以保证前厅接待区域一年四季的室内温泉在20℃~24℃的区间，温泉企业要在显著的位置摆放或悬挂温湿度表。

（4）有独立的大堂吧或茶吧，要提供相应饮料服务，以满足宾客休闲的需求。大堂吧或茶吧严禁成为宾客更换拖鞋的地方。

（5）公共卫生间，是指在室内外公共水区前厅接待区域的独立男女公共卫生间。此次分项总分4分由材料、装修及洁具（2分）+设计及设施配置（2分）两个小分项之和构成。

材料、装修和洁具小项总分为2分，材料选用高档石材（包括天然及人造）、高档瓷砖及具有当地特色的石材用作地面材料并具有防滑效果，装修工艺细致，并具有一定休闲度假或当地文化民俗风格的，使用国内外知名品牌洁具且使用功能良好的判定为较好，获评2分。其他情况为一般，获评1分。

设计及设施配置小项总分为2分，功能性设计合理、相关设施配置齐全，应有单独隔间的厕位、隔间门上有插销及衣帽钩、有卫生纸及污物桶，有洗手盆并带半身镜、有洗手液或香皂、有烘干机或擦手纸，男卫生间每两个小便器中间有隔板，灯光照明合理，空气通风良好且温度适宜的判定为齐全，获评2分。其他情况为一般，获评1分。

（6）有商场是指有独立的商场或不小于10平方米的商品柜台区域，能为宾客提供泳衣、泳裤、泳帽、游泳镜、防晒霜、护肤霜等不少于20个品种的温泉沐浴相关商品。

2. 更衣区

更衣室此分项总分10分是由空气及温度（2分）+更衣柜（7分）+更衣凳（1分）三个次分项总分之和构成。

（1）更衣区空气良好，是指首先要达到附录D《公共场所集中空调通风系统卫生规范》的相关要求；第二要有相关管理制度及岗位操作流程（有硫化氢泉的企业须有针对性防范措施），宾客应没有感觉呼吸不适及有异味；第三温度应保持在24℃~27℃之间。

（2）更衣柜此次分项总分为7分，是由电子锁（2分）+规格尺寸（2分）+材料、工艺、装饰（2分）+衣架（1分）四个小分项之和构成。

由服务员和宾客共用开启的电子锁，是根据温泉企业室内外公共水区更衣柜安全的实际情况需要，每个客用更衣柜的电子锁必须是由服务员和宾客的两把钥匙（手牌）同时在场使用才可开启的电子锁，方可获评2分。

更衣柜的材质、工艺、装饰此小项总分为2分，由较好（2分）和普通（1分）两个计分项构成，是属于选择性计分制。更衣柜选用实木材质、内外工艺精细、柜门关启方便、具有一定的防潮功能、整体装饰风格美观大方，判定为较好，获评2分。其他情况判定为普通，获评1分。

相配套的更衣凳是指与更衣柜同批设计制作的椅凳，而且在更衣柜每个局部区域更衣柜与更衣凳的比例不应小于3:1，要保证宾客进入更衣区能及时更衣。

3. 室内水区

此分项总分为40分，由淋浴间（4分）+公共卫生间（4分）+梳妆区（4分）+桑拿蒸房（8分）+泡池（17分）+电视（2分）+音乐（1分）七个次分项总分之和构成。

（1）淋浴间4分：

每个淋浴间应保证下水口的通畅，并设有溢流槽或挡水地楞，以保证宾客在淋浴时水不溢流出淋浴间外。

男女室内水区淋浴间（隔断）的数量应与更衣柜的数量相匹配，不能少于更衣柜数量的1%，男女区域必须同时达到这个最低的比例指标，否则此项不能得分。

淋浴有水流定温和调节功能，是分别指与淋浴喷头配套的冷热水混合阀体，具备依据温度设定值，自动调配冷热水比例，恒定出水温度的功能。水流调节是指淋浴喷头具有改变水流喷洒方式的功能，可以由常规出水方式调节为按摩脉冲式出水、发散垂流式出水等。

（2）公共卫生间与前厅接待区域的公共卫生间相同。

（3）梳妆区是指在室内公共水区内特定独立区域，应设在临近男女更衣区进出通道处，在线路上方便宾客，并为宾客提供必备的设施及用品。

（4）桑拿蒸房，此次分项总分为8分，由地热或汽泉房（4分）+普通干蒸房（2分）+普通湿蒸房（2分）三个小项总分之和构成，是属于选择性累加计分制。

地热或汽泉房是指利用天然的地热水或汽泉为主要供热载体修建的地热熏蒸房，可以是封闭式的，也可以是半封闭的庭阁或走廊式的，可获评4分。

（5）泡池，此次分项总分为17分，由种类（10分）+面积（7分）两个小分项之和构成。

种类，此小分项总分为10分，由不同温度泡池（2分）+不同辅料泡池（2分）+鱼疗（2分）+有水上游乐设施的儿童池（2分）+水疗功能池（2分）五个计分项之和构成，是属于选择性累加计分制。

三个以上不同温度的泡池是指至少要有针对老年人、儿童及成年人身体生理特征的不同水温的泡池。

鱼疗池是指在温泉或非温泉水池中养殖的特色小鱼，其专门是为泡浴的宾客进行轻柔的皮肤按摩、去除皮肤角质和皮屑等，鱼疗池要保证宾客的人身安全及水质卫生。

面积，是指室内温泉水区温泉泡池的总面积。

（6）电视是指在室内温泉水区墙上安装有为宾客在泡温泉看的电视机，电视机必须是采用嵌入式安装方式，具有防水、防雾气的效果，并保证有正常的图像及音质效果，方可获评2分。

（7）有背景音乐是指在室内温泉水区安装有背景音乐系统，能为宾客播放轻松优美的音乐。此小项计分同样适用于室外温泉水区，但不能重复计分。

4. 室外水区

室外水区是指温泉企业露天公共温泉水区，包括室外公共温泉水区范围内相对封闭独立的的汤屋、汤院，也包括完全封闭独立的别墅、别院的室外水区部分。此分项总分30分是由泡池数量（10分）+泡池种类（10分）+绿化景观（5分）+灯光效果（5分）四个次分项总分之和构成。

（1）泡池数量是指温泉企业所有室外露天温泉泡池的总和，此次项总分为10分，包括三个得分档，分别30个以上（含30个）10分、20个以上（含20个）8分、10个以上（含10个）6分，是属于单项选择性计分制。

（2）泡池种类是指以水温分类、以泉质分类、以功能分类（包括标准游泳池、各种娱乐性戏水池、水疗按摩池、辅料池等），此次分项总分为10分，20种以上（含20种）获评10分，10种以上（含10种）获评8分，5种以上（含5种）获

评6分。是属于单项选择性计分制，

（3）绿化景观是指温泉企业通过绿化景观的专业设计、种植、日常养护为宾客提供空气清新、自然芳香、遮阳避风、生态私密的体验，以起到局部生态环境良好，景观优美的效果。

6.4.5　二次更衣区

标准原文：

6.5　理疗区服务设施

序号	评定项目	各大项总分	各分项总分	各次项总分	各小项总分	计分	记分栏	记分栏	记分栏
5	理疗区服务设施	60							
5.1	私密露天泡池与露天理疗区		30						
5.1.1	泡池数量			10					
5.1.1.1	5个以上私密露天泡池				10				
5.1.1.2	2~5个私密露天泡池				8				
5.1.1.3	最少1个私密露天泡池				6				
5.1.2	护理区面积			5					
5.1.2.1	不小于露天泡池面积的20%				5				
5.1.2.2	不小于露天泡池面积的10%				3				
5.1.3	设施与用品			5					
5.1.3.1	配备与泡池风格相符的理疗床、躺椅、遮阳伞、桌椅、衣架等必需品				3				
5.1.3.2	有中英文服务价目表				1				
5.1.3.3	提供饮料、果点服务				1				
5.1.4	景观			5					
5.1.4.1	视觉观赏效果佳				5				
5.1.4.2	有视觉观赏效果				3				
5.1.5	私密性			5					
5.1.5.1	在100m范围内无人（公共区域）干扰				5				
5.1.5.2	在50m范围内无人（公共区域）干扰				3				

续表

序号	评定项目	各大项总分	各分项总分	各次项总分	各小项总分	计分	记分栏	记分栏	记分栏
5.2	室内理疗室		30						
5.2.1	数量			10					
5.2.1.1	8间以上				10				
5.2.1.2	4~8间				8				
5.2.1.3	2~4间				6				
5.2.2	面积			10					
5.2.2.1	>30m²				10				
5.2.2.2	20~30m²				8				
5.2.2.3	10~20m²				6				
5.2.3	设施			10					
5.2.3.1	有可自动调节的护理床				2				
5.2.3.2	普通护理床				1				
5.2.3.3	有卫生间				3				
5.2.3.4	有理疗师专用的面盆				2				
5.2.3.5	有背景音乐				1				
5.2.3.6	有香薰灯（具）				1				

释义：

理疗区服务设施是指温泉企业向宾客提供以健康养生为宗旨的相关理疗服务设施，也是宾客泡浴后选择二次消费的核心产品及服务关键设施设备。此大项60分由私密露天泡池与露天理疗区（30分）+室内理疗室（30分）两个分项总分之和构成。

1. 私密露天泡池与露天理疗区

私密露天泡池与露天理疗区是指借助建筑物、装饰物、植物、幔帐及空间距离，有效地为露天泡池与理疗区营造私密、舒适、自由的空间。此分项总分为30分，是由泡池数量（10分）+护理区面积（5分）+设施与用品（5分）+景观（5分）+私密性（5分）六个次分项之和构成。

（1）私密室外泡池面积是指全部具有一定私密性露天泡池面积的总和（不

包括独立的汤屋、别墅及别院）。护理区面积是指与露天公共泡池区域相配套的专业护理区的占地面积，如果具有私密性室外泡池面积总和有100平方米，而相配套的专用护理区小于10平方米，此项则不能得分。

（2）设施与用品是指温泉企业在私密露天泡池与露天理疗区，为宾客提供相应的服务所必需的设施与用品，此小项总分为5分，是由理疗床等必需品（3分）+价目表（1分）+提供饮料等服务（1分）三个计分之和构成，是属于选择性累计计分制。

（3）景观是指宾客在露天泡池与露天理疗区泡浴及休憩时，能观赏到当地特色的自然、历史人文或人造的景色风光，此次分项总分5分是由视觉观赏效果佳（5分）、有视觉观赏效果（3分）两个小分项构成，是属于单项选择性计分制。视觉观赏效果佳是指具有当地自然、历史、人文资源显著特征，或具有较高专业景观规划设计水平的人造文化艺术且护养好的景观，能让宾客产生流连忘返感觉效果的获批5分，其次的可获批3分。

（4）私密性是指温泉企业在此区域为宾客提供露天泡浴及接受理疗服务时，让宾客有自由放松、身心愉悦的良好感受，不会受到外界的干扰。此次分项总分为5分，是属于单项选择性计分制。

在100米范围内无人（公共区域）干扰，是指以露天理疗区为中心，100米半径范围内（公共区域）让宾客感到无人干扰的可获评5分。

在50米范围内无人（公共区域）干扰，是指50米半径范围内（公共区域）让宾客感到无人干扰的可获评3分，其他情况则不能得分。

2. 室内理疗室

室内理疗室是指温泉企业提供的保健按摩理疗、芳香保健理疗、美容美体理疗及医疗康复等专业性服务的特定场所。此分项总分为30分，是由数量（10分）+面积（10分）+设施（10分）三个次分项总分之和构成。

数量是指共有多少间上述特定的室内理疗室，8间以上获评10分、4~8间获评8分、2~4间获评6分，此小分项是属于单项选择性计分制。

面积是指具体每个室内理疗室的使用面积，包括理疗区、宾客休息区、独立卫生间及淋浴间、技师工作间。此小分项属于单项选择性计分制，并且以最大面积的一间为获评得分对象。

设施是指在每间室内理疗室内相关配套的设施设备及用品。是属于选择性累加计分制，并且可以按具体某间配置的最全及功能性最好获评得分。

标准原文：

6.6 景观与文化

序号	评定项目	各大项总分	各分项总分	各次项总分	各小项总分	计分	记分栏	记分栏	记分栏
6	景观与文化	20							
6.1	A级旅游景区		12						
6.1.1	5A级旅游景区			12					
6.1.2	4A级旅游景区			10					
6.1.3	3A级旅游景区			8					
6.2	其他自然景观		4						
6.2.1	海洋、湖泊、江河、湿地、瀑布、森林			2					
6.2.1.1	景观视觉佳				2				
6.2.1.2	有景观视觉				1				
6.2.2	历史人文景观			2					
6.2.2.1	景观视觉佳				2				
6.2.2.2	有景观视觉				1				
6.3	历史人文资源		4						
6.3.1	历史名胜古迹			2					
6.3.1.1	国家级				2				
6.3.1.2	省级				1				
6.3.2	少数民族文化			2					
6.3.2.1	位于少数民族自治州辖区内				2				
6.3.2.2	位于少数民族自治县辖区内				1				

释义：

景观与文化是指温泉企业整体所在区域内的景观与文化的视觉效果和文化氛围，能给宾客带来明显的景观感受，并留下美好的记忆印象。包括周边及附近的自然、历史人文的公共资源，但具体有下述对应的定性及定量的要求。此大项总分为20分，是由A级景区（12分）+其他自然景观（4分）+历史人文资源（4分）

三个分项总分之和构成。

1. A级旅游景区

A级旅游景区是指经国家或省级旅游景区等级评定机构依据《旅游景区质量等级的划分与评定》BG/T17775-2003标准评定通过，并正式授牌的A级旅游景区，且此A级旅游景区的投资及经营管理权是属于温泉企业的。此次分项是属于单项选择性计分制。

2. 其他自然景观

此分项总分4分是由海洋、湖泊、江河、湿地、瀑布、森林等自然资源景观（2分）+历史人文景观（2分）的两个次分项总分之和构成。

（1）此次分项总分2分是属于单项选择性计分制，海洋、湖泊、江河、湿地、瀑布、森林等其中的一项或多项自然景观直达温泉企业的距离不超过500米，且能给宾客带来明显的景观感受，并留下美好记忆印象的判定为景观视觉佳，获评2分。上述相关自然景观直达温泉企业的距离不超过2000米，且能给宾客带来景观感受，并留下一定的记忆印象的判定为有景观视觉，获评1分。

（2）此次分项总分2分是属于单项选择性计分制，历史人文景观是指温泉企业周边有50年以上，且有一定历史人文景观价值的寺庙道观、亭台楼阁、碑塔墓陵、崖雕石刻等建筑和历史文化观赏物。有其中一项或多项历史人文景观物直达温泉企业的距离不超过1000米，且方便宾客步行抵达参观的，并能给宾客留下较深刻印象的判定为景观视觉佳，获评2分。上述相关景观物直达温泉企业的距离不超过2000米，且方便宾客步行抵达参观的，并能给宾客留下一定印象的判定为有景观视觉，获评1分。

3. 历史人文资源

此分项总分为4分是由历史名胜古迹（2分）+少数民族文化（2分）两个次分项之和构成，是属于选择累加计分制。历史人文资源是指有重要历史价值和具有代表性的少数民族文化的特定资源。

（1）历史名胜古迹是指直达温泉企业的距离不超过2000米，且方便宾客步行或搭乘电瓶车可抵达参观的历史名胜古迹，有国家相关部门正式批准的国家级文物保护单位获评2分（属于世界自然或历史文化遗产的也可获评2分，但不能重复计分），有省级相关部门正式批准的省级文物保护单位获评1分。

（2）少数民族文化是指温泉企业位于少数民族自治州辖区内的获评2分，位于少数民族自治县（自治旗）辖区内的获评1分。此次分项总分为2分，是属于单项选择性计分制。

标准原文：

6.7 交通与安全

序号	评定项目	各大项总分	各分项总分	各次项总分	各小项总分	计分	记分栏	记分栏	记分栏
7	交通与安全	30							
7.1	交通设施的通达性		8						
7.1.1	直达机场距离			2					
7.1.1.1	50km以内				2				
7.1.1.2	100km以内				1				
7.1.2	直达高速公路进、出口距离			2					
7.1.2.1	10km以内				2				
7.1.2.2	30km以内				1				
7.1.3	直达客运火车站距离			2					
7.1.3.1	10km以内				2				
7.1.3.2	30km以内				1				
7.1.4	直达客用航运码头距离			2					
7.1.4.1	10km以内				2				
7.1.4.2	30km以内				1				
7.2	停车场		8						
7.2.1	面积			2					
7.2.1.1	500m²以上（含500m²）				2				
7.2.1.2	200m²以上（含200m²）				1				
7.2.2	距离			2					
7.2.2.1	在温泉周围100m内可以停放汽车				2				
7.2.2.2	在温泉周围200m内可以停放汽车				1				
7.2.3	地面			2					
7.2.3.1	生态绿化				2				
7.2.3.2	普通地面				1				
7.2.4	停车场管理			2					

序号	评定项目	各大项总分	各分项总分	各次项总分	各小项总分	计分	记分栏	记分栏	记分栏
7.2.4.1	停车分区，设停车线				1				
7.2.4.2	车场内有方向引导指示标识				1				
7.3	内部交通			4					
7.3.1	有游览线路标志牌				1				
7.3.2	进出口设置合理				1				
7.3.3	有客用电瓶车				2				
7.4	安全设施			10					
7.4.1	有医务室				6				
7.4.1.1	有医师资质的医生					4			
7.4.1.2	与就近的医院建立120联动机制					2			
7.4.2	锅炉、水电、电梯、游乐设备和救生、卫生化验等工种均须全部持证上岗，并保证相关设备安全运行。					4			

释义：

交通与安全，此大项总分为30分，是由交通设施（8分）+停车场（8分）+内部交通（4分）+安全设施（10分）四个分项总分之和构成。

1. 交通设施的通达性

此分项总分8分是由直达机场的距离（2分）+直达高速公路进、出口距离（2分）+直达客运火车站距离（2分）+直达客用航运码头距离（2分）四项次分项总分之和构成，是属于选择性累加计分制。直达距离是指从温泉企业到上述机场、高速公路、客运火车站及客用航运码头的实际公路距离。

2. 停车场

是指温泉企业自己内部所属的停车场，此分项总分为8分，是由面积（2分）+距离（2分）+地面（2分）+停车场管理（2分）四个次分项总分之和构成，是属于选择性累加计分制。

（1）面积，温泉企业客用公共停车场面积总和，不包括内部非客用停车场、VIP别墅（院）及汤屋（院）的专属停车场（位）。

温泉企业客用公共停车场面积总和在500平方米以上获评2分，200~500平方米获评1分。

（2）距离，此次分项是属于单项选择性计分制，距离是指温泉企业的公共客用停车场与温泉水区接待中心大堂、温泉度假酒店大堂或温泉旅游度假区（景区）主入口的距离。

100米距离内（含100米）的获评2分。

200米距离内（含200米）的获评1分。

（3）地面，此次分项是属于单项选择性计分制，是指温泉企业公共停车场地面建筑材料和绿化效果。

公共停车场每个车位空间区域有绿色植物用于遮阳、围挡隔断及地面绿化中的一项或多项绿化功能效果，获评2分。

公共停车场每个车位地面用水泥、柏油沥青、砖石等建筑材料铺设的地面，且能到达明显晴天无灰土和雨天无积水及淤泥效果的判定为普通地面，获评1分。

（4）停车场管理，此次分项属于选择性累加计分制，是指温泉企业的公共客用停车场有相应的基本管理规范及措施，并有专人提供引导、指挥及看管等服务。

停车场设有大中型、小型机动车及非机动车的分区标识，每种分区停车场均设有明显的停车位标线，获评1分。

停车场内设有明显的车辆进出、禁停及相关注意事项等标识标牌，能达到方便宾客的作用。

3. 内部交通

此分项总分为4分，是由有游览线路指示标识（1分）+进出口设置合理（1分）+有客用电瓶车（2分）三个次分项之和构成，是属于选择性累加计分制。

（1）包括温泉旅游景区、温泉旅游度假区、温泉度假村及酒店等温泉企业内部设有的游览线路标识牌。标识牌应有中英文，并配有照明设备，以方便中外宾客在白天及夜间查看。具备这两项条件的方可获评1分。

（2）温泉企业的主要进出口在规划建设时就设置合理，与温泉水区、健康理疗、餐饮、住宿、会议等功能的宾客接待数量相匹配，在实际运营中能方便宾客，并有助于温泉企业的经营管理的获评1分。

（3）温泉企业为宾客提供服务的电瓶车，并有相关的管理制度和经过培训的驾驶员，方可获评1分。

标准原文：

6.8 行政后勤设施

序号	评定项目	各大项总分	各分项总分	各次项总分	各小项总分	计分	记分栏	记分栏	记分栏
8	行政后勤设施	10							
8.1	有独立的员工食堂		1						
8.2	有独立的更衣间		1						
8.3	有员工浴室		1						
8.4	有倒班宿舍		1						
8.5	有员工专用培训教室，配置必要的教学仪器和设备		1						
8.6	有员工活动室		1						
8.7	有员工电梯（或服务电梯）		1						
8.8	有行政管理办公区		1						
8.9	有医务室并可对宾客提供服务		2						

释义：

行政后勤设施，此大项总分为10分，是属于选择性累加计分制。

有独立的员工食堂，是指有与员工人数相匹配的独立的员工用餐场所，并设有独立的厨房，单独采购、储存、加工，实行独立经济核算，能基本满足快速、营养和卫生要求的获评1分。

有独立的更衣间，是指在员工浴室比邻的位置有独立的更衣间，设有配备带锁的更衣柜及更衣凳，更衣柜数量比例不能少于员工总数的10%，方可获评1分。

有员工浴室，是指有为员工提供沐浴的固定场所，能保证冷热水供应、管理规范、维护良好，同时应比邻盥洗间和卫生间，获评1分。

有倒班宿舍，是指温泉企业根据自身和员工的实际需要，配置倒班宿舍，应保证照明充足、维护良好、安全卫士，设置网络、电视、洗衣、晾衣等设施，并有相应的管理制度，方可获评1分。

有员工专用培训教室，配置必要的教学仪器和设备，是指有为员工培训的专用场所，配备必要的教学设施，满足员工培训需要，获评1分。

有员工活动室，是指有为员工文娱活动的专业场所，配备电视、宽带或WIFI上网电脑、报刊书籍及其他文娱用品，获评1分。

有员工电梯（或服务电梯），是指供员工使用，既可载人，又可运送物品的工作电梯，应比邻员工及货物进出通道，并有明显的标志，获评1分。

有行政管理办公区，是指温泉企业有在营业区域外的独立行政办公区域，并有明显的标志，获评1分。

有医务室并可对宾客提供服务，是指温泉企业有经批准的内部医务室，有执业医师，配置必备的医疗器械及用品，能为宾客及员工提供基本的医疗服务，获评2分。

标准原文：

6.9 其他特色设施

序号	评定项目	各大项总分	各分项总分	各次项总分	各小项总分	计分	记分栏	记分栏	记分栏
9	其他特色设施	60							
9.1	药浴种类较多		5						
9.2	客房阳台上设置护理及设施		3						
9.2.1	景观视角条件佳，设施配套			3					
9.2.2	景观视角条件一般，设施一般			2					
9.3	别墅或VIP庭院		3						
9.3.1	环境优越、私密性强、文化氛围强，亭阁榭提供护理设施，相关配套完善			3					
9.3.2	环境优越，亭阁榭提供护理设施，有相关配套			2					
9.4	有水边（上）、山（溪）谷SPA服务		4						
9.4.1	水上有SPA专用游船，游船风格与整体环境相结合			2					

序号	评定项目	各大项总分	各分项总分	各次项总分	各小项总分	计分	记分栏	记分栏	记分栏
9.4.1.1	温泉企业有自己的SPA专用游船，游船风格与整体环境协调融合				2				
9.4.1.2	温泉企业租用游船，游船风格与整体环境相协调				1				
9.4.2	建筑与环境			2					
9.4.2.1	相关建筑融合水体或山谷景观特征，环境优越、私密性强				2				
9.4.2.2	相关建筑与水体和山谷景观特征有所差异，但环境优越、私密性强				1				
9.5	有高尔夫球场和网球场		15						
9.5.1	有18洞标准高尔夫球场			8					
9.5.2	有迷你高尔夫球场			3					
9.5.3	有高尔夫练习场			2					
9.5.4	有室内或室外网球场			2					
9.6	户外拓展运动		5						
9.7	特色养生项目		5						
9.8	表演项目		5						
9.9	水上运动		5						
9.10	游乐场		5						
9.11	滑雪场		5						

释义：

其他特色设施，此大项总分为60分，由9.1-9.11 十一个各分项总分之和构成，属于选择性累加计分制。

1. 药浴种类较多

是指温泉企业的室内外泡池中有不少于5种不同类型的中草药泡池，并有相应的中英文服务说明书，详细介绍每个泡池所添加中草药的品名、种类、辅助疗效及注意事项。相关工作方案应经过有执业资格的中医师的指导和培训，方可获评5分。

2. 客房阳台上设置护理及设施

是指在客房阳台或汤屋（汤院）露台上设置有中医保健按摩、SPA、美容美肤的必备设置，能为客人在下榻处提供便捷及私密性效果较好的理疗护理服务。此各分项总分为3分，是属于单项选择性计分制。

（1）客房阳台或露台的景观视觉有能令宾客有心情放松和愉悦的感觉，配置有专业的SPA理疗床、休息椅、茶几等设施，能为宾客提供较高级的疗程服务，并有方便技师为宾客服务所需的合理空间，方可获评3分。

（2）客房阳台或露台景观有能令宾客适宜的感觉，配置有普通的按摩床，能为宾客提供简单的疗程服务，可获评2分。

3. 别墅或VIP庭院

是指独立的、有室外庭院花园、有室外温泉泡池，并具有一定私密性的各类别墅、别院、汤屋、汤院。此分项总分为3分，是属于单项选择性计分制。

（1）在独栋建筑的庭院里，有专业的景观园林规划及良好的养护效果，功能布局设计合理，私密性强，有温泉泡池。在有鲜明当地文化氛围的亭台、阁廊、水榭中设置的专业SPA理疗设施，有休闲区域，并配有休闲椅、茶几、遮阳伞，能为宾客提供专业高水准的理疗及护理服务，方可获评3分。

（2）在联排建筑的汤屋、汤院庭院里，有花园、温泉泡池、有休闲空间及设施，有简约式的亭台、廊阁、水榭能为宾客提供专业的理疗护理服务，有一定的私密性，可获评2分。

4. 有水边（上）、山（溪）谷SPA服务

是指温泉企业利用自身特有的地质地理资源，在江河湖海、山谷溪流等天然或人造的景观优美的水边，利用沙滩、树林花园、亭台楼阁、帐篷帷幔等，或利用游艇、游船的专用场所，并配置专业的SPA设施，为宾客提供特色鲜明的SPA理疗服务。此分项总分为4分，是由具有专用SPA游船（2分）+水边SPA建筑与环境（2分）之和构成，是属于选择性累加计分制。

（1）水上有SPA专业船，游船风格与整体环境相结合。

温泉企业有自己的SPA专用游船，游船风格与整体环境协调融合，能为宾客提供安全、独特、高水准、专业的SPA服务，可获评2分。

温泉企业租用游船，游船风格与整体环境相协调，能为宾客提供安全、专业的SPA服务，可获评1分。

（2）是指温泉企业借助水体或山谷旁边的特色景观资源优势，把SPA相关建筑装饰及设施与周边特色景观有机融合。此次分项总分为2分，是属于单项选择性计分制。

温泉企业在水体或山谷旁边的SPA相关建筑的规划设计，能巧妙地与周边自然环境有机融合，形成整体环境与SPA局部环境优美协调，私密性强，方可获评2分。

相关建筑规划设计一般，SPA的建筑装饰风格与周边自然环境有一定的差异，但整体环境优越，私密性强，可获评1分。

5. 有高尔夫球场和网球场

是指温泉企业有自己的高尔夫球场和网球场设施，能为宾客提供相应的服务。此分项总分为15分，是由9.5.1～9.5.4四个次分项之和构成，属于选择性累加计分制。

（1）温泉企业有自己的18洞标准高尔夫球场，并有教练和球童为宾客提供专业的指导与服务，方可获评8分。

（2）温泉企业有自己的迷你高尔夫球场，并有球童为宾客提供服务，可获评3分。

（3）温泉企业有自己的高尔夫练习场，并有教练和服务员为宾客提供专业的指导与服务，方可获评2分。

（4）温泉企业有自己的室内或室外标准的灯光网球场，并有教练和服务员为宾客提供陪练等服务，方可获评2分。

6. 户外拓展运动

是指温泉企业有自己的专用户外拓展运动场所及相应的设施，能为宾客提供攀岩、断桥、模拟彩弹实战、穿越沼泽、信任背摔等项目的服务，还应有相关拓展运动的项目简介、注意事项及收费标准，并有相应的内部管理制度和岗位操作流程，同时纳入温泉企业年度经营管理工作计划中的，方可获评5分。

7. 特色养生项目

是指温泉企业根据所在地的气候、环境、温泉泉质等自然资源条件，以及相关设施设备的情况，为宾客提供的中医保健理疗养生，太极、瑜伽等运动养生，佛禅、道家养生，营养药膳养生等特色项目，有相应的项目介绍、注意事项及收费标准，并配有专业的理疗师、教练、指导老师、营养师等全程参与及进行科学地指导，同时纳入温泉企业年度经营管理工作计划中的，方可获评5分。

8. 表演项目

是指温泉企业有室内外固定的表演场所、表演团队、表演内容及相应的设施，能为宾客提供定期有节目单的各类传统文娱表演，具有当地特色少数民族风情歌舞等表演，同时纳入温泉企业年度经营管理工作计划中的，并有内部管理规定和岗位操作流程，方可获评5分。

9. 水上运动

是指温泉企业利用比邻的江河湖海，经地方政府相关资源管理部门批准许可，属于体育类别的水上运动项目，如帆板、划艇、水上摩托艇、漂流、冲浪等，温泉企业应有相应的设施器材，并有经地方体育局培训合格并持证的教练员为宾客提供专业的服务，有内部管理规定及岗位操作流程，同时纳入温泉企业年度经营管理工作计划中的，方可获评5分。

10. 游乐场

是指温泉企业在陆地或水上有固定的场所及配套的专业设备，通过安监部门特种设备验收许可及年度检查的专业性游乐场，有经培训合格持证的操作人员及设备维修人员，有严格的管理制度和岗位操作流程，同时纳入温泉企业年度经营管理工作计划中的，方可获评5分。

11. 滑雪场

是指温泉企业在室外有自己的天然滑雪场，配有专业设施及器材，并达到体育局相关标准要求，有经培训合格持证的教练员为宾客提供专业、安全的指导服务，有内部管理规定及岗位操作流程，同时纳入温泉企业年度经营管理工作计划中的，方可获评5分。

标准原文：

6.10 房务设施

序号	评定项目	各大项总分	各分项总分	各次项总分	各小项总分	各次小项总分	计分	记分栏	记分栏	记分栏
10	房务设施	230								
10.1	房务（前厅）		50							
10.1.1	地面装饰			8						
10.1.1.1	采用高档花岗岩、大理石或其他高档材料（材质高档、色泽均匀、拼接整齐、工艺精致、装饰性强、与整体氛围相协调）				8					
10.1.1.2	采用优质花岗岩、大理石或其他材料（材质良好，工艺较好）				6					
10.1.1.3	采用普通花岗岩、大理石或其他材料（材质一般，有色差）				4					
10.1.1.4	采用普通材料（普通木地板、地砖等）				2					
10.1.2	墙面装饰			6						
10.1.2.1	采用高档花岗岩、大理石或其他高档材料（材质高档、色泽均匀、拼接整齐、工艺精致、装饰性强、与整体氛围相协调）				6					
10.1.2.2	采用优质木材或高档墙纸（布）（立面有线条变化，高档墙纸包括丝质及其他天然原料墙纸）				4					
10.1.2.3	采用普通花岗岩、大理石或木材				2					
10.1.2.4	采用墙纸或喷涂材料				1					
10.1.3	天花			5						
10.1.3.1	工艺精致、造型别致，与整体氛围相协调				5					
10.1.3.2	工艺较好，格调一般				3					
10.1.3.3	有一定装饰				1					
10.1.4	艺术装饰			2						
10.1.4.1	有壁画或浮雕或其他艺术品装饰				2					
10.1.4.2	有简单艺术装饰				1					
10.1.5	家具（台，沙发等）			5						
10.1.5.1	设计专业、材质高档、工艺精致，摆设合理，使用方便、舒适				5					
10.1.5.2	材质较好，工艺较好				3					

序号	评定项目	各大项总分	各分项总分	各次项总分	各小项总分	各次小项总分	计分栏	记分栏	记分栏	记分栏
10.1.5.3	材质普通，工艺一般				1					
10.1.6	灯具与照明			5						
10.1.6.1	照明设计有专业性，采用高档定制灯具，功能照明、重点照明、氛围照明和谐统一				5					
10.1.6.2	采用高档灯具，照明整体效果较好				3					
10.1.6.3	采用普通灯具，照明效果一般				1					
10.1.7	整体装饰效果			4						
10.1.7.1	色调协调，氛围浓郁，有中心艺术品，感观效果突出				4					
10.1.7.2	有艺术品装饰，工艺较好，氛围一般				2					
10.1.7.3	有一定的装饰品				1					
10.1.8	客用电梯			9						
10.1.8.1	数量				4					
10.1.8.1.1	不少于平均每70间客房一部客用电梯					4				
10.1.8.1.2	不少于平均每100间客房一部客用电梯					2				
10.1.8.2	性能优良、运行平稳、梯速合理				2					
10.1.8.3	内饰与设备				3					
10.1.8.3.1	有一定装饰、照明充足					0.5				
10.1.8.3.2	有主要设施楼层指示					0.5				
10.1.8.3.3	有扶手杆					0.5				
10.1.8.3.4	有通风系统					0.5				
10.1.8.3.5	与外界联系的对讲功能					0.5				
10.1.8.3.6	轿厢两侧均有按键					0.5				
10.1.9	前厅整体舒适度			6						
10.1.9.1	绿色植物、花卉摆放得体，插花有艺术感，令宾客感到自然舒适				2					
10.1.9.2	光线、温度适宜				2					
10.1.9.3	背景音乐曲目适宜、音质良好、音量适中，与前厅整体氛围协调				2					
10.1.9.4	异味，烟尘，噪声，强风（扣分，每项扣1分）				-4					
10.1.9.5	置于前厅明显位置的商店、摊点影响整体氛围				-4					
10.2	客房		180							

序号	评定项目	各大项总分	各分项总分	各次项总分	各小项总分	各次小项总分	计分	记分栏	记分栏	记分栏
10.2.1	普通客房（10.2.1~10.2.10均针对普通客房打分）			26						
10.2.1.1	70%客房的净面积（不包括卫生间和门廊）				16					
10.2.1.1.1	不小于36m²					16				
10.2.1.1.2	不小于30m²					12				
10.2.1.1.3	不小于24m²					8				
10.2.1.1.4	不小于20m²					6				
10.2.1.1.5	不小于16m²					4				
10.2.1.1.6	不小于14m²					2				
10.2.1.2	净高度				4					
10.2.1.2.1	不低于3m					4				
10.2.1.2.2	不低于2.7m					2				
10.2.1.3	软床垫（长度不小于1.9m），宽度				6					
10.2.1.3.1	单人床					3				
10.2.1.3.1.1	不小于1.35m					3				
10.2.1.3.1.2	不小于1.2m					2				
10.2.1.3.1.3	不小于1.1m					1				
10.2.1.3.2	双人床					3				
10.2.1.3.2.1	不小于2.2m					3				
10.2.1.3.2.2	不小于2.0m					2				
10.2.1.3.2.3	不小于1.8m					1				
10.2.2	装修与装饰				11					
10.2.2.1	地面					3				
10.2.2.1.1	采用优质地毯或木地板，工艺精致					3				
10.2.2.1.2	采用高档地砖、普通地毯或木地板，工艺较好					2				
10.2.2.1.3	采用普通地砖或水磨石地面，工艺一般					1				
10.2.2.2	墙面					2				
10.2.2.2.1	采用高级墙纸或其他优质材料，有艺术品装饰					2				
10.2.2.2.2	采用普通涂料或墙纸					1				
10.2.2.3	天花有装饰					2				
10.2.2.4	整体装饰效果					4				
10.2.2.4.1	工艺精致、色调协调，格调高雅					4				
10.2.2.4.2	工艺较好、格调统一					2				

续表

序号	评定项目	各大项总分	各分项总分	各次项总分	各小项总分	各次小项总分	计分	记分栏	记分栏	记分栏
10.2.2.4.3	工艺一般					1				
10.2.3	家具				7					
10.2.3.1	档次					4				
10.2.3.1.1	设计专业、材质高档、工艺精致，摆设合理，使用方便、舒适					4				
10.2.3.1.2	材质较好，工艺较好					2				
10.2.3.1.3	材质普通，工艺一般					1				
10.2.3.2	衣橱					3				
10.2.3.2.1	步入式衣物储藏间					3				
10.2.3.2.2	进深不小于55cm，宽度不小于110cm					2				
10.2.3.2.3	进深不小于45cm，宽度不小于90cm					1				
10.2.4	灯具和照明				11					
10.2.4.1	灯具配备					9				
10.2.4.1.1	主光源（顶灯或槽灯）					1				
10.2.4.1.2	门廊照明灯					1				
10.2.4.1.3	床头照明灯					1				
10.2.4.1.4	写字台照明灯					1				
10.2.4.1.5	衣柜照明灯					1				
10.2.4.1.6	行李柜照明灯					1				
10.2.4.1.7	小酒吧照明灯					1				
10.2.4.1.8	装饰物照明灯					1				
10.2.4.1.9	夜灯					1				
10.2.4.2	灯光控制					2				
10.2.4.2.1	各灯具开关位置合理，床头有房间灯光"一键式"总控制开关，标识清晰，方便使用					2				
10.2.4.2.2	各灯具开关位置合理，方便使用					1				
10.2.5	彩色电视机				6					
10.2.5.1	类型与尺寸					3				
10.2.5.1.1	平板电视，不小于25英寸					3				
10.2.5.1.2	普通电视，不小于25英寸					2				
10.2.5.1.3	普通电视，不小于21英寸					1				
10.2.5.2	频道和节目					2				

序号	评定项目	各大项总分	各分项总分	各次项总分	各小项总分	各次小项总分	计分	记分栏	记分栏	记分栏
10.2.5.2.1	卫星、有线闭路电视节目不少于30套					1				
10.2.5.2.2	外语频道或外语节目不少于3套					1				
10.2.5.3	有电视频道指示说明及电视节目单				1					
10.2.6	客房电话			5						
10.2.6.1	程控电话机,有直拨国际、国内长途功能				1					
10.2.6.2	有语音信箱及留言指示灯				1					
10.2.6.3	电话机上有饭店常用电话号码和使用说明				1					
10.2.6.4	附设写字台电话(双线制)				1					
10.2.6.5	配备本地电话簿				1					
10.2.7	微型酒吧(包括小冰箱)			5						
10.2.7.1	数量				3					
10.2.7.1.1	100%的客房有微型酒吧(包括小冰箱)					3				
10.2.7.1.2	不少于50%的客房有微型酒吧(包括小冰箱)					1				
10.2.7.2	提供适量饮品和食品,并配备相应的饮具				1					
10.2.7.3	100%以上客房配备静音、节能、环保型小冰箱				1					
10.2.8	客房便利设施及用品			12						
10.2.8.1	电热水壶				1					
10.2.8.2	熨斗和熨衣板				1					
10.2.8.3	西装衣撑				1					
10.2.8.4	每房不少于4个西服衣架、2个裤架和2个裙架				1					
10.2.8.5	不间断电源插座(国际通用制式)不少于两处,并有明确标识,方便使用				1					
10.2.8.6	吹风机				1					
10.2.8.7	浴衣(每客1件)				1					
10.2.8.8	备用被毯(每床1条)				1					
10.2.8.9	咖啡(含伴侣、糖),配相应杯具				1					
10.2.8.10	环保或纸制礼品袋(每房2个)				1					
10.2.8.11	针线包				1					
10.2.8.12	文具(含铅笔、橡皮、曲别针等)				1					
10.2.9	客房必备物品(少一项,扣1分)									
10.2.9.1	服务指南(含欢迎词、饭店各项服务简介)									

序号	评定项目	各大项总分	各分项总分	各次项总分	各小项总分	各次小项总分	计分	记分栏	记分栏	记分栏
10.2.9.2	笔									
10.2.9.3	信封（每房不少于2个）									
10.2.9.4	信纸（每房不少于4张）									
10.2.9.5	免费茶叶									
10.2.9.6	暖水瓶（有电热水壶可不备）									
10.2.9.7	凉水瓶（或免费矿泉水）									
10.2.9.8	擦鞋用具（每房2份）									
10.2.9.9	"请勿打扰"、"请清理房间"挂牌或指示灯									
10.2.9.10	垃圾桶									
10.2.9.11	根据不同床型配备相应数量的枕芯、枕套、床单、毛毯或棉被									
10.2.10	客房卫生间			47						
10.2.10.1	70%的客房卫生间面积				5					
10.2.10.1.1	不小于8m²					5				
10.2.10.1.2	不小于6m²					4				
10.2.10.1.3	不小于5m²					3				
10.2.10.1.4	不小于4m²					2				
10.2.10.1.5	小于4m²					1				
10.2.10.2	卫生间装修				6					
10.2.10.2.1	专业设计，全部采用高档材料装修（优质大理石、花岗岩等）、工艺精致，采用统一风格的高级品牌卫浴设施					6				
10.2.10.2.2	采用高档材料装修，工艺较好					4				
10.2.10.2.3	采用普通材料装修，工艺一般					2				
10.2.10.3	卫生间设施布局				4					
10.2.10.3.1	不少于50%的客房卫生间淋浴、浴缸、恭桶分隔					4				
10.2.10.3.2	不少于50%的客房卫生间淋浴和浴缸分隔					3				
10.2.10.3.3	不少于50%的客房卫生间有浴缸					1				
10.2.10.4	面盆及五金件				2					
10.2.10.4.1	高档面盆及配套五金件					2				
10.2.10.4.2	普通面盆及五金件					1				
10.2.10.5	浴缸及淋浴				12					
10.2.10.5.1	浴缸和淋浴间均有单独照明，分区域照明充足					1				

续表

序号	评定项目	各大项总分	各分项总分	各次项总分	各小项总分	各次小项总分	计分	记分栏	记分栏	记分栏
10.2.10.5.2	完全打开热水龙头，水温在15s内上升到46℃~51℃，水温稳定					1				
10.2.10.5.3	水流充足（水压为0.2MPa~0.35MPa）、水质良好					1				
10.2.10.5.4	淋浴间下水保持通畅，不外溢					1				
10.2.10.5.5	浴缸					3				
10.2.10.5.5.1	高档浴缸（配带淋浴喷头）及配套五金件					3				
10.2.10.5.5.2	普通浴缸（配带淋浴喷头）或只有淋浴间					1				
10.2.10.5.6	所有浴缸上方安装扶手，符合安全规定					1				
10.2.10.5.7	淋浴喷头的水流可以调节					1				
10.2.10.5.8	淋浴有水流定温功能					1				
10.2.10.5.9	配备热带雨林喷头					1				
10.2.10.5.10	浴缸及淋浴间配有防滑设施（或有防滑功能）					1				
10.2.10.6	恭桶				3					
10.2.10.6.1	高档节水恭桶					3				
10.2.10.6.2	普通节水恭桶					1				
10.2.10.7	其他				15					
10.2.10.7.1	饮用水系统					2				
10.2.10.7.2	梳妆镜					2				
10.2.10.7.2.1	防雾梳妆镜					2				
10.2.10.7.2.2	普通梳妆镜					1				
10.2.10.7.3	化妆放大镜					1				
10.2.10.7.4	面巾纸					1				
10.2.10.7.5	110V/220V不间断电源插座（低电流）					1				
10.2.10.7.6	晾衣绳					1				
10.2.10.7.7	呼救按钮或有呼救功能的电话					1				
10.2.10.7.8	连接客房电视的音响装置					1				
10.2.10.7.9	体重秤					1				
10.2.10.7.10	电话副机（方便宾客取用）					1				
10.2.10.7.11	浴室里挂钩不少于1处，方便使用					1				
10.2.10.7.12	浴帘或其他防溅设施					1				
10.2.10.7.13	浴巾架					1				
10.2.10.8	卫生间客用必备品（少一项扣一分）									

序号	评定项目	各大项总分	各分项总分	各次项总分	各小项总分	各次小项总分	计分	记分栏	记分栏	记分栏
10.2.10.8.1	漱口杯（每房2个）									
10.2.10.8.2	浴巾（每房2条）									
10.2.10.8.3	地巾									
10.2.10.8.4	面巾（每房2条）									
10.2.10.8.5	卫生袋									
10.2.10.8.6	卫生纸									
10.2.10.8.7	垃圾桶									
10.2.11	套房			14						
10.2.11.1	数量				3					
10.2.11.1.1	不少于客房总数的20%（不包括连通房）					3				
10.2.11.1.2	不少于客房总数的10%（不包括连通房）					2				
10.2.11.1.3	不少于客房总数的5%（不包括连通房）					1				
10.2.11.2	规格				6					
10.2.11.2.1	至少有三种规格的套房					2				
10.2.11.2.2	有豪华套房					4				
10.2.11.2.2.1	至少有卧室2间、会客室、餐厅、书房各1间（卫生间3间）					4				
10.2.11.2.2.2	至少有卧室2间、会客室1间、餐厅或书房各1间（卫生间3间）					2				
10.2.11.3	套房卫生间				5					
10.2.11.3.1	有供主人和来访宾客分别使用的卫生间					2				
10.2.11.3.2	有由卧室和客厅分别直接进入的卫生间（双门卫生间）					1				
10.2.11.3.3	有音响装置					1				
10.2.11.3.4	配有电视机					1				
10.2.12	有残疾人客房，配备相应的残障设施			2						
10.2.13	设无烟楼层			2						
10.2.14	客房舒适度			27						
10.2.14.1	布草				7					
10.2.14.1.1	床单、被套、枕套的纱支规格					6				
10.2.14.1.1.1	不低于80×60支纱					6				
10.2.14.1.1.2	不低于60×40支纱					3				

序号	评定项目	各大项总分	各分项总分	各次项总分	各小项总分	各次小项总分	计分	记分栏	记分栏	记分栏
10.2.14.1.1.3	不低于40×40支纱					1				
10.2.14.1.2	床单、被套、枕套的含棉量为100%					1				
10.2.14.2	床垫硬度适中、无变形,可提供3种以上不同类型的枕头				2					
10.2.14.3	温度				3					
10.2.14.3.1	室内温度可调节					2				
10.2.14.3.2	公共区域与客房区域温差不超过5℃					1				
10.2.14.4	相对湿度:冬季为50%~55%,夏季为45%~50%				2					
10.2.14.5	客房门、墙、窗、天花、卫生间采取隔音措施,效果良好				2					
10.2.14.5.1	客房隔音效果差,或部分客房靠近高噪声设施(如歌舞厅、保龄球场、洗衣房等),影响宾客休息					-4				
10.2.14.6	窗帘与客房整体设计匹配,有纱帘,方便开闭,密闭遮光效果良好				2					
10.2.14.7	照明效果				3					
10.2.14.7.1	专业设计,功能照明、重点照明、氛围照明和谐统一					3				
10.2.14.7.2	有目的物照明光源,满足不同区域的照明需求					2				
10.2.14.7.3	照明效果一般					1				
10.2.14.8	客用品方便取用,插座、开关位置合理,方便使用				2					
10.2.14.9	艺术品、装饰品搭配协调,布置雅致;家具、电器、灯饰档次匹配,色调和谐				2					
10.2.14.10	电视机和背景音乐系统的音、画质良好,节目及音量调节方便有效				2					
10.2.15	客房走廊及电梯厅			5						
10.2.15.1	走廊宽度不少于1.8m,高度不低于2.3m				1					
10.2.15.2	光线适宜				1					
10.2.15.3	通风良好,温度适宜				1					
10.2.15.4	客房门牌标识醒目,制作精良				1					
10.2.15.5	管道井、消防设施的装饰与周边氛围协调				1					

释义：

房务设备是指温泉企业在温泉水区之外的客房住宿区域，包括整体、分体的客房楼，联排及独栋的别墅群。此大项总分为230分，是由房务（前厅）（50分）+客房（180分）两个分项总分之和构成。

1. **房务（前厅）**

此分项总分为50分，是由地面装饰（8分）+墙面装饰（6分）+天花（5分）+艺术装饰（2分）+家具（5分）+灯具与照明（5分）+整体装饰效果（4分）+客用电梯（9分）+前厅整体舒适度（6分）九个次分项总分之和构成。

（1）地面装饰是指地面装饰所用建材及装饰效果。此次分项总分为8分，是由10.1.1.1–10.1.1.4四个小项总分构成，是属于单项选择性计分制。

（2）墙面装饰是指墙面装饰所用建材及装饰效果，此次分项总分为6分，是由10.1.2.1–10.1.2.4

四个小项总分构成，是属于单项选择性计分制。

装饰石材的等级界定：

高档花岗岩的质地优良、纹理华丽、加工及安装技术优良、整体平整光洁，对缝整齐均匀，基本无色差，图案、色彩、拼接等设计考究。

优质花岗岩的质地优良、纹理优美、加工及安装技术良好，色差较小，图案、色彩、拼接等有设计，但色差与对缝稍有不足。

普通花岗岩、大理石的品种较为常见。色彩普通，加工与安装技术一般，有一定的色差。

装饰木材的等级界定：

优质木材是指树种珍稀、材质致密、色泽匀称、纹理美观、基本无色差、变形率小、价格昂贵的木材，如紫檀、红檀、花梨木、酸枣木、金丝楠、金丝柚、花樟、树瘤木、阴沉木等。

普通木材是指树种常见、材质适中、色差较小、收缩性大、价格一般的木材，如红白影木、胡桃木、柚木、樱桃木、山毛榉、白松、水曲柳、杉木等。

墙纸的等级界定：

墙纸（布）等级档次的界定应同时注意两个环节：材质与装饰效果。

第一，从材质看，高档墙纸有布质和纸质两类，高档墙纸通常选用优良的纯木浆或超强力丝绒纤维等天然材料作为底基材料，表面使用PVC材料精选覆盖，幅面较宽，通常大于80cm，伸缩率较小，不分层，不易褪色。

第二，从装饰效果看，高档墙纸（布）表面图案精美、纹理华丽、色彩协调、有艺术品位，与空间功能和环境协调，能烘托出特定的主题氛围。铺贴工艺精良，无明显接缝痕迹，无色差，不起泡，无翘曲，墙基表面无明显凹凸感。

（3）天花是指天花板装饰所用的建材及装饰效果，此次分项总分为5分，是由10.1.3.1~10.1.3.3三个小项总分构成，是属于单项选择性计分制。

天花板一般分为平顶式、局部式、栅栏式和藻井式。温泉企业应根据所在地的地形地貌、自然景观、建筑结构、风格定位和功能布局的要求，选用适宜的天花板造型，达到提升前厅氛围、强调区域功能分割、节能环保、形成良好环境等效果。

（4）艺术装饰是指采用天然石材和木材的工艺品、少数民族手工艺品、以及壁画、雕塑、雕刻、书画等艺术装饰，具有良好的视觉感受。主题文化突出，工艺精致，与环境空间氛围协调是对前厅艺术装饰的总体要求。此次分项总分为2分，是由两个小分项总分构成，属于单项选择性计分制。

（5）家具（台，沙发等）是指对家具（台、沙发等）材料及制作工艺的等级判定。凡有一定厚度的高档天然材料作为饰面均视为材质高档家具，凡符合使用功能要求、款式、色彩、风格、体量与空间氛围协调，结构牢固；接缝均匀细密，五金件优良，连接紧固，表面漆膜自然柔和；手感细腻的家具均视为工艺精致。此次分项总分为5分，是由三个小分项总分构成，属于单项选择性计分制。

（6）灯具与照明是指对灯具与照明的专业性设计、功能效果及灯具档次的具体判定要求。经过专业性设计，有分区照明、分区控制、照度舒适、安装便捷、安全牢固、方便宾客正常活动的基本需要；有重点照明及氛围照明的功能区分，营造良好的光影环境效果，并能运用相关科技新产品，符合绿色环保要求，采用材料考究、工艺精良、形态优美的定制灯具，方可判定获评5分；采用非定制高档灯具，照明整体效果较好，并能采用节能环保型灯具的可判定获评3分。采用普通灯具，照明效果一般的获评1分。此次分项总分为5分，是属于单项选择性计分制。

（7）整体装饰效果是指由色调协调、氛围浓郁，有中心艺术品，感官效果突出三个要素构成。

色彩是要求温泉企业的主要色彩运用应与建筑设计风格协调统一,色彩与心理的协调统一,色彩与功能的协调统一,达到科学、艺术的运营色彩,营造浓郁的休闲、度假、疗养等温泉企业特有的氛围。

中心艺术品是指温泉企业整体艺术品系统中的标志性作品,以最符合主题文化内容的材质制作,以最恰当醒目的方式布置,以最简洁清晰的语言说明。

感官效果突出就是指整体色调协调,并与中心艺术品有机融合,达到给宾客以浓郁的感官效果的,方可获评4分。有艺术品装饰,工艺较好,氛围一般的可获评2分。有一定的装饰品获评1分。此次分项总分为4分,是属于单项选择性计分制。

(8)客用电梯的数量、自动化功能、安全性、舒适度及必要的内饰与服务设备等要素,与温泉企业服务质量有直接关系。四、五星级温泉企业的所有客用电梯,宾客平均候梯的时间应在30秒以内。此次分项总分为9分,是由数量(4分)+性能优良等(2分)+内饰与设备(3分)共三个小分项之和构成,是属于选择性累加计分制。

(9)前厅整体舒适度是指建立在专业化管理和整体氛围协调一致基础上的高品质服务的体现结果。通常情况下影响舒适度的因素有:温度高低、湿度大小、光线明暗、噪声强弱、布草优劣、水质清浊、水温高低、气味浓淡、安全卫生、环境质量等。前厅的整体舒适度要求详见10.1.9.1-10.1.9.5具体评定项目栏,此次分项总分为6分,是由五个小分项总分之和构成,是属于特殊的单项选择性累计加分或减分计分制。

2. 客房

此分项总分为180分,是由普通客房(26分)+装修与装饰(11分)+家具(7分)+灯具和照明(11分)+彩色电视机(6分)+客房电话(5分)+微型酒吧(5分)+客房便利设施及用品(12分)+客房必备物品(少一项,扣1分)+客房卫生间(47分)+套房(14分)+有残疾人客房(2分)+设无烟楼层(2分)+客房舒适度(27分)+客房走廊及电梯厅(5分)共十五个次分项总分之和构成,是属于特殊的选择性累计加分或减分计分制。

标准原文：

6.11 餐饮设施

序号	评定项目	各大项总分	各分项总分	各次项总分	各小项总分	计分	记分栏	记分栏	记分栏
11	餐饮设施	50							
11.1	餐厅（11.1~11.2对各个餐厅分别打分，然后根据餐厅数量取算术平均值的整数部分）		26						
11.1.1	布局			8					
11.1.1.1	接待区装饰风格（接待台、预订台）与整体氛围协调				2				
11.1.1.2	有宴会单间或小宴会厅				3				
11.1.1.3	靠近厨房，传菜线路不与非餐饮公共区域交叉				2				
11.1.1.4	有酒水台				1				
11.1.2	装饰			6					
11.1.2.1	地面装饰				2				
11.1.2.1.1	采用大理石、地毯、木地板或其他材料（材质一般，有色差，拼接整齐，装饰性较强）					2			
11.1.2.1.2	采用普通材料（普通木地板、地砖等）					1			
11.1.2.2	墙面装饰				2				
11.1.2.2.1	采用花岗岩、大理石、木材、墙纸（布）					2			
11.1.2.2.2	采用普通墙纸或喷涂材料					1			
11.1.2.3	天花				2				
11.1.2.3.1	工艺较好，格调一般					2			
11.1.2.3.2	有一定装饰					1			
11.1.3	家具			3					
11.1.3.1	材质较好，工艺较好				3				
11.1.3.2	材质普通，工艺一般				1				
11.1.4	灯具与照明			3					
11.1.4.1	采用高档灯具，照明整体效果较好				3				
11.1.4.2	采用普通灯具，照明效果一般				1				
11.1.5	餐具			2					
11.1.5.1	较好材质与工艺				2				
11.1.5.2	一般材质与工艺				1				
11.1.6	菜单与酒水单			2					
11.1.6.1	用中英文印刷，装帧较好，出菜率不低于90%				2				
11.1.6.2	有中文菜单，保持完整、清洁				1				

序号	评定项目	各大项总分	各分项总分	各次项总分	各小项总分	计分	记分栏	记分栏	记分栏
11.1.7	不使用一次性筷子和一次性湿毛巾，不使用塑料桌布			2					
11.2	厨房		12						
11.2.1	应有与餐厅经营面积和菜式相适应的厨房区域（含粗细加工间、面点间、冷菜间、冻库等）			2					
11.2.2	为某特定类型餐厅配有专门厨房（每个1分，最多2分）			2					
11.2.3	位置合理、布局科学，传菜路线不与非餐饮公共区域交叉			2					
11.2.4	冷、热制作间分隔			1					
11.2.5	配备与厨房相适应的保鲜和冷冻设施，生熟分开			1					
11.2.6	粗细加工间分隔			1					
11.2.7	洗碗间位置合理			1					
11.2.8	厨房与餐厅间采用有效的隔音、隔热、隔味措施			1					
11.2.9	厨房内、灶台上采取有效的通风、排烟措施			1					
11.3	酒吧、茶室及其他吧室		4						
11.3.1	装修与装饰（包含台、家具、餐具、饮具等）			2					
11.3.1.1	较好材质与工艺				2				
11.3.1.2	普通材质与工艺				1				
11.3.2	氛围			2					
11.3.2.1	氛围较好				2				
11.3.2.2	氛围一般				1				
11.4	餐饮区域整体舒适度		8						
11.4.1	整体设计有专业性，格调高雅，色调协调、有艺术感			2					
11.4.2	温湿度适宜，通风良好，无炊烟及烟酒异味			2					
11.4.3	专业设计照明，环境舒适，无噪声。背景音乐曲目、音量适宜，音质良好			2					
11.4.4	餐具按各菜式习惯配套齐全，无破损，无水迹			2					
11.4.5	任一餐厅（包括宴会厅）与其厨房不在同一楼层			−2					

释义：

餐饮设施是指温泉企业所有为宾客提供餐饮服务的餐厅、厨房、酒吧、茶室及茶吧等服务场所。此大项总分为50分，是由餐厅（26分）+厨房（12分）+酒吧、茶室及其他吧室（4分）+餐饮区域整体舒适度（8分）四个分项总分之和构成，是属于选择性累加加分或减分计分制。

1. 餐厅

此分项是指针对从11.1–11.2之间的各个餐厅分别打分，然后根据餐厅数量取算术平均值的整数部分计分。

2. 餐饮区域整体舒适度

11.4.5任一餐厅（包括宴会厅）与其厨房不在同一楼层是指任何一餐厅（包括宴会厅）与其厨房不在同一楼层，或厨房没有建筑封闭式的通道与餐厅连接的，均可判定减2分。

标准原文：

6.12 会务设施

序号	评定项目	各大项总分	各分项总分	各次项总分	各小项总分	计分	记分栏	记分栏	记分栏
12	会务设施	20							
12.1	会议室		11						
12.1.1	面积（如有多个会议室，可以累计加分，但总分不能超过6分）			3					
12.1.1.1	≥300m²				3				
12.1.1.2	≥200m²				2				
12.1.2	有座席固定的会议室			2					
12.1.3	小会议室（至少容纳8人开会）			3					
12.1.3.1	≥4个				3				
12.3.1.2	≥2个				1				
12.1.4	通风良好，温度适宜			1					
12.1.5	灯光分区控制，亮度可调节，遮光效果良好			1					
12.1.6	隔音效果良好			1					
12.2	会议设施		3						
12.2.1	同声传译功能设置（设备可租借）			1					
12.2.2	电视电话会议功能设置（设备可租借）			1					
12.2.3	多媒体演讲系统（电脑、即席发言麦克风、投影仪、屏幕等）			1					
12.3	设贵宾休息室，位置合理，并有专用通道进大宴会厅			2					

序号	评定项目	各大项总分	各分项总分	各次项总分	各小项总分	计分	记分栏	记分栏	记分栏
12.4	配设衣帽间		2						
12.5	商务中心		2						
12.5.1	位置合理，方便宾客使用			1					
12.5.2	配备完整的办公设施（包括复印机、打印机、传真机、装订机、手机充电器等），提供报刊			1					

释义：

会务设施是指温泉企业为宾客提供会议的固定场所及设施，此大项总分为20分，是由会议室11分+会议设施3分+贵宾休息室2分+衣帽间2分+商务中心2分五个分项总分之和构成，是属于选择性累计计分制。

12.1.1面积分项总分为3分，是由两个小分项构成，是属于单项选择性计分制。温泉企业如有多个会议室，可以累计加分，但此次分项总分不能超过6分（原有3分的两倍）。

温泉企业运营质量评价表释义

7.1 温泉企业运营质量评价的原则

第一，重点评价，温泉企业运营质量是企业整体系统协调、规范、流畅、高效的最终效果，其核心在于运营全过程各个环节和项目所达到的水平程度。对星级温泉企业运营质量的评价应遵循项目—流程—动作的逻辑，关注企业人员服务的专业性、安全性、规范性与完美性，以及设施设备的完好性、有效性与便利性。

第二，评价态度，应严格按照本标准所规定的内容和要求对温泉企业进行客观、公正的评价，任何人不得以自身企业的规范、惯例、流程或本人的好恶作为评价标准。

第三，评价方法，应重视问题的普遍性，在温泉企业设施设备维护保养评价中，相同的问题至少应重复出现3处以上，才能视作温泉企业的不足。同时，在温泉企业不同服务区域、不同岗位，出现相同问题，评价时只能减扣一次分数，不得多次重复扣分。

第四，评价尺度，在服务质量评价时，完全达到标准要求为优，基本达到为良，部分达到为中，严重不足为差。在设施设备维护保养评价时，没有问题为优，出现1次问题为良，出现2次问题为中，出现3次以上为差。

7.2 总体要求

序号	标准	评价			
1	总体要求				
1.1	管理制度与规范	优	良	中	差
1.1.1	有完备的规章制度	6	4	2	1
1.1.2	有完备的操作程序	6	4	2	1
1.1.3	有完备的服务规范	6	4	2	1
1.1.4	有完备的岗位安全责任制与各类突发事件应急预案，有培训、演练计划和实施记录	6	4	2	1
1.1.5	制订温泉企业人力资源规划，有明确的考核、激励机制；有系统的员工培训制度和实施记录；企业文化特色鲜明	6	4	2	1
1.1.6	建立能源管理与考核制度；有完备的设备设施运行、巡检与维护记录	6	4	2	1
1.1.7	建立宾客意见收集、反馈和持续改进机制	6	4	2	1
1.2	员工素养	优	良	中	差
1.2.1	仪容仪表得体，着装统一，体现岗位特色；工服整洁、熨烫平整，鞋袜整洁一致；佩戴名牌，着装效果好	6	4	2	1
1.2.2	训练有素、业务熟练，应变能力较强，及时满足宾客合理需求	6	4	2	1
1.2.3	各部门组织严密、沟通有效，富有团队精神	6	4	2	1

1. 总体要求是指对温泉企业在管理制度与规范和员工素养两个方面的要求，是在温泉企业运营质量评价表中首次出现获评优等，可得6分。

2. 温泉企业规章制度、操作程序与服务规范是企业经营、管理与服务的基本法典。规章制度是指企业制订的对所有员工的要求；操作程序是指企业对工作流程的规定；服务规范是指对员工服务操作动作的要求。温泉企业应结合行业运营规律和发展趋势，立足企业自身客源市场定位和实际需要，制定科学性、完整性、实效性、可操作性的温泉企业管理制度和服务规范。

在星评时，应关注三个环节的落实情况：

第一，温泉企业管理制度与规范文本的完备程度。

第二，制度文本与现场运行情况的吻合程度。

第三，温泉企业组织员工培训学习、掌握管理制度和服务规范的程度。

3. 员工素质包括以下三个方面:

第一,员工素养得益于温泉企业特有的企业文化、关爱文化和培训体系的建设与实施,在很大程度上反映了温泉企业管理水平所达到的整体高度。

第二,员工应变能力是员工个人职业能力的重要体现,体现出员工的反应速度及专业知识水平高低。

第三,考察团队精神既要看运行与执行情况,也需要观察温泉企业操作流程中有无各部门协作与连接的相关制度规定。

7.3 温泉水区

7.3.1 前厅服务质量

标准原文:

2.1.1	总机	优	良	中	差
2.1.1.1	在正常情况下,电话铃响10s内应答	3	2	1	0
2.1.1.2	接电话时正确问候宾客,同时报出温泉企业名称,语音清晰,态度亲切	3	2	1	0
2.1.1.3	转接电话准确、及时、无差错(无人接听时,15s后转回总机)	3	2	1	0
2.1.1.4	熟练掌握岗位英语或岗位专业用语	3	2	1	0

释义:

是指总机应熟练掌握基本的岗位常用英语,如温泉企业的名称及各部门的名称,特别是温泉和SPA部门;地址以及距机场、火车站及长途客运站的距离与搭乘出租车等相关交通工具的价格和所用时间。岗位专业用语是指总机能有中文准确描述自己企业的温泉泉质、室内外温泉水区的设施设备、SPA理疗服务等产品与服务项目。

标准原文:

2.1.2	预订	优	良	中	差
2.1.2.1	及时接听电话,确认宾客抵离时间,语音清晰,态度亲切	3	2	1	0
2.1.2.2	熟悉温泉企业各项产品,正确描述各种服务差异,说明价格及所含内容	3	2	1	0
2.1.2.3	提供预订号码或预订姓名,询问宾客联系方式	3	2	1	0
2.1.2.4	说明温泉沐浴的有关规定,通话结束前重复确认预订的所有细节,并向宾客致谢	3	2	1	0
2.1.2.5	实时网络预订,界面友好,及时确认	3	2	1	0

释义：

预订部人员应对温泉企业的特定产品与服务，包括温泉泉质的类型、室内外温泉水区的功能、泡池数量与种类、SPA理疗服务、特有的汤屋、汤院的房型等核心内容能熟练掌握。温泉康复理疗及SPA等服务应事先预订。

温泉企业网络主页，包括公众微信平台、手机客户端APP等应客观真实，特别是对温泉泉质的类型、辅助疗效、水质检测及认证机构结论的介绍要有相关标准的依据。言过其实的宣传只会让宾客的信任度降低，对温泉企业自身及整个温泉行业带来损害。

标准原文：

2.1.3	礼宾、问讯服务	优	良	中	差
2.1.3.1	热情友好，乐于助人，及时响应宾客合理需求	3	2	1	0
2.1.3.2	熟悉温泉企业各项产品，包括泉质、水温、辅助疗效、泡池种类、保健理疗项目、客房、餐饮、会务等信息	3	2	1	0
2.1.3.3	熟悉温泉企业周边环境，包括当地特色商品、旅游景点、购物中心、文化设施、餐饮设施等信息；协助安排出租车	3	2	1	0
2.1.3.4	委托代办业务效率高，准确无差错	3	2	1	0

释义：

温泉水区前厅部的礼宾、问询服务重点内容应注意三个主要方面：

第一，熟练、清晰、准确地介绍温泉泉质的类型、水温、辅助疗效、泡池种类、保健及SPA理疗项目、客房与汤屋（钟点收费）的区别、餐饮与会务等信息，包括温泉企业季节性促销活动。

第二，针对住店与非住店、第一次以会员消费、家庭与团体等客源群体，熟练运用有不同侧重点的介绍方式和内容。

第三，根据自身温泉企业的地理位置，应熟悉宾客可采用的各种抵达及离开的交通方式、所需时间及费用，包括出租车电话预约、租车自驾等方面的基本业务内容及流程。

2.1.4	总台接待	优	良	中	差
2.1.4.1	主动、友好地问候宾客，热情接待	3	2	1	0
2.1.4.2	与宾客确认是否住店或用餐等	3	2	1	0
2.1.4.3	询问宾客是否需要贵重物品寄存服务，并解释相关规定	3	2	1	0
2.1.4.4	如住店要登记验证、信息上传效率高、准确无差错	3	2	1	0
2.1.4.5	指示温泉水区或客房方向，或招呼客服为宾客服务，祝愿宾客沐浴愉快	3	2	1	0

释义：

温泉水区前厅部总台接待服务重点内容应注意四个主要方面：

第一，主动询问并迅速确认宾客是否住店、用餐以及需要预订的SPA及理疗保健服务项目，根据温泉企业内部有关管理规定，如需要让宾客使用信用卡进行预订担保的，应与宾客进行解释，并确认时间、地点、收费标准等关键性内容。

第二，主动询问宾客是否有贵重物品需要免费寄存保管，并能简洁、友好地解释温泉企业内部相关管理规定，包括如有需要宾客在关于贵重物品寄存保管的免责声明书签字的规定。

第三，主动指示温泉水区入口或客房的方向，或及时招呼前厅客服人员为宾客引导带路。

第四，如宾客是温泉企业的会员，应通知温泉企业的会员客服专员及时到位。

2.1.5	结账	优	良	中	差
2.1.5.1	确认宾客的所有消费，提供总账单，条目清晰、正确完整	3	2	1	0
2.1.5.2	效率高，准确无差错	3	2	1	0
2.1.5.3	征求宾客意见，向宾客致谢并邀请宾客再次光临	3	2	1	0

释义：

温泉水区总台结账收银服务重点内容应注意两个主要方面：

第一，非住店宾客在温泉水区的所有消费，应提供总账单一次性结账服务，包括SPA及理疗保健费用和技师的小费；应为住店宾客提供包括上述在温泉水区消费账单的有效签单，并及时转账单到温泉酒店总台收银处，以方便宾客在店期间的总账单一次性结账服务。

第二，效率高、准确无差错是针对指温泉行业特有的各类会员卡、联名卡、温泉一卡通等结算时，要能准确核算出各类卡的优惠折扣、积分兑换以及有关具体的发票管理规定。同时还应对在线支付、手机客户端、微信等电子商务及第三方支付等新兴的渠道平台的销售方式熟悉和了解。

标准原文：

2.1.6	更衣室	优	良	中	差
2.1.6.1	在宾客抵达后，服务员接待并引导至更衣柜前，并帮助打开柜门	3	2	1	0
2.1.6.2	通风良好、照明合理，更衣柜保持清洁，保养良好，温度在24℃~27℃，湿度≤70％	3	2	1	0
2.1.6.3	淋浴间保持洁净，布置合理，方便使用，沐浴用品保持充足	3	2	1	0
2.1.6.4	垃圾桶、洗涤篮位置摆放合理，无灰尘，无污渍，并及时清理	3	2	1	0
2.1.6.5	摆放浴袍、休息服、浴巾、一次性内裤等的布草柜设置合理，清洁、无灰尘且保持品种和数量充足	3	2	1	0
2.1.6.6	有专人在岗及时为宾客提供相应的二次更衣服务，并主动询问宾客的下一步需求	3	2	1	0
2.1.6.7	保持二次更衣间的地面清洁、无水迹，防滑（吸水）地垫、地巾摆放合理、洁净、干燥	3	2	1	0
2.1.6.8	梳妆台、凳、镜子、灯具等位置合理，无破损、无灰尘，并能及时清理	3	2	1	0
2.1.6.9	提供吹风机，且性能良好、安全、洁净、无灰尘	3	2	1	0
2.1.6.10	提供梳子、面巾纸、棉签、护肤霜、定发剂等用品洁净、卫生且及时更换	3	2	1	0

释义：

更衣室是指温泉企业室内外水区的男女更衣区域，包括二次更衣区、淋浴区、盥洗区、梳妆区等。

第一，宾客抵达后，服务员应积极主动欢迎问候、看清手牌号、引导至对应的更衣柜前，并帮助打开柜门，同时向宾客说明手牌钥匙的使用方法及安全注意事项，此项服务过程不应超过5分钟。

第二，更衣区内通风良好，无异味；照明合理是指灯光亮度能保证宾客行走、更衣的需求即可，不能过于明亮；更衣柜内外应清洁、无潮湿霉变的状况，柜门锁开启方便、柜内设施保养良好，方便使用；室内温度应保持在24℃~27℃之间，适宜宾客更衣，湿度不能超过70%，否则会影响到更衣区内设施设备的运营质量。更衣室内应在主要区域悬挂若干个温湿度计，以方便宾客和服务员随时查看与了解。

第三，2.1.6.5–2.1.6.7是指在二次更衣区内，根据实时客流量的情况，及时安排相应的服务员在岗，保证该区域的地面、设施设备、用品用具的清洁、完好、数量充足，特别是要有专人为宾客提供相应的二次更衣服务，主动询问宾客的下一步需求，并能解答宾客的有关涉及服务和二次消费的问题。防滑并具有吸水功能的地垫是指专为宾客穿着湿拖鞋所需经过的第一道地垫或地巾，还需要摆放第二道干净的地巾是为宾客脱掉湿拖鞋后赤脚所用，通常宾客会站在此干燥洁净的地巾上，擦干身上的水迹，然后换上经过消毒的干燥拖鞋，方能进行二次更衣。

第四，2.1.6.8–2.1.6.10梳妆区是宾客完成二次更衣后，即将进入休息区是否选择二次或多次消费的最后一个停留的区域，此处的设施设备、用品用具的配置，以及环境氛围和服务细节，直接影响到宾客对下一步消费的心情，特别是女性、老年及儿童宾客。

标准原文：

2.1.7	温泉水区	优	良	中	差
2.1.7.1	泉质、水温、辅助疗效、水深标识及安全提示清晰、醒目（在显眼处有关沐浴须知和安全提示，在泡池边上能清楚地看见泡池水温及深度标识）	6	4	2	0
2.1.7.2	泡池周边保持清洁卫生、照明充足	6	4	2	0
2.1.7.3	各种泡池水质符合卫生要求	6	4	2	0
2.1.7.4	配备专职救生人员及相应救生设施	6	4	2	0
2.1.7.5	提供数量充足的休息椅，且位置摆放合理，保养良好；室外泡池提供数量充足的遮阳伞，且保养良好	6	4	2	0
2.1.7.6	提供毛巾，并及时更换宾客用过的毛巾；应宾客要求提供饮品	6	4	2	0
2.1.7.7	水质卫生检验员每天例行检查	6	4	2	0
2.1.7.8	蒸房、锅炉、水上游乐设施水循环系统等重要设备运行良好、安全并做检验记录和运行记录	6	4	2	0

释义：

温泉水区是温泉企业的核心产品，是温泉企业各个营业部门中经营利润率最高的部门，但同时也是安全风险事故率最高的区域，因此室内外温泉水区均是星评检查的重点区域。需引起注意的是，在附录F温泉企业运营质量评价表中这是第一次出现获评优等可得6分、获评差等得0分的情况。

第一，温泉泉质的类型、其辅助疗效、温泉原汤的出水口及相关泡池的水温等方面的介绍，必须是根据省级以上（含省级）旅游温泉品质认证专家委员会，或国土资源管理部门的天然矿泉水检测认证机构出具的相关报告书；温泉沐浴须知的相关内容，必须是经地方卫生疾控部门认可；各泡池均要有水温、泡池深度及安全须知的明显标识和温馨提示。

第二，泡池周边要保持清洁卫生、照明充足，特别是室外水区各泡池的通道、泡池名称、沐浴须知及安全提示、各泡池的上下台阶及扶手等关键地方的夜间照明要保证宾客的需要。

第三，各种温泉泡池水质应符合本标准附录B中相关温泉水质卫生指标的要求；其他非温泉类泡池（包括游泳池、戏水池、水上乐园等）水质，应符合相对应的其他已有的国家标准或国家行业标准，如没有国家及行业标准的，可依据已有的相关地方标准执行。

第四，在室内外水区，特别是大型游泳池、水上乐园、儿童戏水池及各种大中型公共泡池，必须配备经地方体育主管部门培训合格持证的专职救生人员，配备相应的救生设施设备及用品。星评检查时要查看相关的管理制度及岗位职责，还要查看比对温泉企业内部专业救生人员的资格证书的原件及复印件。

第五，在室内外水区提供与泡池数量相适应的休闲椅及茶几，摆放位置要比邻泡池，保养良好是指无破损、安全牢固、折叠式休闲椅要方便宾客操作调整。室外泡池旁休息区要提供与休闲椅配套的遮阳伞，并有固定设施，保养良好、使用方便而且有效。

第六，水质卫生检验员每天例行检查是指温泉企业内部的水质卫生检验员每天对各泡池例行检查，包括肉眼观察、取样化验等，要有相应的管理制度及岗位职责。

第七，温泉企业所有的干湿蒸房、红外线理疗房、锅炉、水上游乐设施设备、水循环过滤系统、电梯等特种设施设备的运行要严格根据国家相关标准要求运行，确保操作及使用安全。星评检查时要查看其使用许可证及年检合格证，并查看相关的管理规定、岗位职责、操作运行及运行记录表。

标准原文：

2.1.8	擦背服务	优	良	中	差
2.1.8.1	热情问候宾客，主动介绍擦背及其他项目的价格、服务时间和注意事项	3	2	1	0
2.1.8.2	擦背床、地面完好、清洁，每客及时清洗擦背床、更换毛巾、用品	3	2	1	0

释义：

擦背服务是二次消费项目，也是宾客选择率较高的大众化服务项目。

第一，技师应热情问候招呼宾客，主动、清晰、全面地介绍擦背、推盐等收费服务项目的价格、服务时间和注意事项，擦背技师不许强迫或变相强迫接受宾客不愿意选择的服务项目。

第二，擦背服务结束后，技师必须先对擦背床进行冲洗，或更换一次性塑料、无纺布的床单，方可为宾客进行敲背、按摩的服务；要随时保持区域地面的清洁卫生，下水系统要保证通畅、地面无积水、无湿滑现象，确保宾客及技师的安全及操作便利；技师必须保证为每位宾客服务时，提供清洗擦背床、更换相关毛巾、浴巾及用品。

标准原文：

2.1.9	休息区服务	优	良	中	差
2.1.9.1	宾客抵达后，应及时接待并引座。宾客休息的沙发椅已布置完毕	3	2	1	0
2.1.9.2	宾客入座后及时提供茶水或饮料等服务，并主动询问宾客的需求	3	2	1	0
2.1.9.3	室内休息区空气良好、照明合理，温度24℃~27℃，环境舒适	3	2	1	0
2.1.9.4	沙发椅、脚凳上的布草每客更换	3	2	1	0
2.1.9.5	室外休息区要有专人随时巡查，并及时提供服务	3	2	1	0

释义：

休息区服务是指宾客二次更衣后休息及选择二次消费的场所，通常是男女宾客共用，分设无烟区和吸烟区，为宾客提供免费的茶水、饮料，或时令小果盘、龟苓膏等，也是提供大众足疗、修脚及简单按摩的服务的场所。

第一，服务员应在宾客进入休息区入口时，及时、热情地接待，询问宾客需要选择何种类型的休闲区域，引导宾客至已经布置好的沙发椅，并简单介绍沙发椅的使用功能及操作方法。此项服务过程应在5分钟内完成。

第二，宾客入座后服务员应主动介绍所提供免费的茶水、饮料或时令小食品的内容，宾客选择后应在5分钟内完成此项服务，同时征询是先休息，还是需要预约二次消费等相关服务项目，包括具体的服务项目内容、收费标准、服务开始及所需要的时间等。

第三，室内休息区要保证空气良好，要提示宾客不要在禁烟区域内吸烟；照明合理是指整体区域的灯光亮度要满足宾客休息的需要，局部区域要保证宾客阅读及行走的需要；温度要保证恒温在24℃~27℃之间，在休息区入口内、服务台等明显位置要摆放或悬挂温湿度计，方便宾客和服务员随时查看；环境舒适是指休息区内空气良好、灯光亮度合适、温度适宜、无扰人的噪声，服务员应及时关注并提醒电视机、背景音乐以及温馨劝阻大声讲话的宾客，包括接听手机、儿童嬉闹等现象。

第四，沙发椅、脚凳上的布草必须做到每客更换。

第五，室外休息区服务员应随时巡查，保证及时提供宾客所需的服务，星评检查时要看温泉企业内部相关的管理制度及岗位职责。

标准原文：

2.1.10	其他配套服务	优	良	中	差
2.1.10.1	在宾客抵达自助餐厅后，及时接待并引座，保证餐桌和取餐台等已布置完毕	3	2	1	0
2.1.10.2	所有的自助餐食和餐具及时补充，适量、清洁、卫生	3	2	1	0
2.1.10.3	食品和饮品均有中英文正确标记说明，标记牌洁净统一	3	2	1	0
2.1.10.4	茶室、棋牌室、网吧、台球室等应明示各项服务收费规定，员工业务熟练、效率高、质量好	3	2	1	0
2.1.10.5	商品部商品陈列美观、明码标价、质量可靠，有与沐浴、理疗相关商品，结账及时、方便、准确无差错	3	2	1	0

释义：

其他配套服务主要是自助餐厅、茶室、棋牌室、网吧、台球室等及商品部的服务。

标准原文：

2.2	温泉水区维护保养与清洁卫生	优	良	中	差
2.2.1	地面：完整，无破损、无变色、无变形、无污渍、无异味、清洁、光亮	3	2	1	0
2.2.2	门窗：无破损、无变形、无划痕、无灰尘	3	2	1	0
2.2.3	天花（包括空调排风口）：无破损、无裂痕、无脱落，无灰尘、无水迹、无蛛网、无污渍	3	2	1	0
2.2.4	墙面（柱）：平整、无破损、无开裂、无脱落、无污渍、无蛛网	3	2	1	0
2.2.5	电梯：平稳、有效、无障碍、无划痕、无脱落、无灰尘、无污渍	3	2	1	0
2.2.6	家具：稳固、完好，与整体装饰风格相匹配；无变形、无破损、无烫痕、无脱漆、无灰尘、无污渍	3	2	1	0
2.2.7	电器及插座（电视、电话、冰箱等）完全、有效、安全、无灰尘、无污渍	3	2	1	0
2.2.8	灯具：完好、有效，与整体装饰风格相匹配；无灰尘、无污渍	3	2	1	0
2.2.9	盆景、花木、艺术品：无枯枝败叶、修剪效果好，无灰尘、无异味、无昆虫，与整体装饰风格相匹配	3	2	1	0
2.2.10	总台及各种设备（贵重物品保险箱、电话、宣传册及册架、垃圾桶、伞架、行李车、指示标志等）：有效、无破损；无污渍、无灰尘	3	2	1	0

释义：

温泉水区维护保养与清洁，具体要求详见3.4相关释义。

7.4 保健理疗区

标准原文：

3.1	足部按摩服务	优	良	中	差
3.1.1	足疗区域空气良好，光线适宜，相应安静，温度在22℃~28℃	3	2	1	0
3.1.2	相关布置、用品用具保持洁净、卫生；每客更换和消毒	3	2	1	0
3.1.3	足部按摩师，应具持有国家职业技能资格证书，持证上岗率应达到足疗师的80%	3	2	1	0
3.2	中医保健按摩	优	良	中	差
3.2.1	保健按摩室空气良好，灯光空调可调节，有背景音乐，有中英文的服务价目表	3	2	1	0
3.2.2	相关布草、用品用具保持清洁、卫生，每客更换和消毒	3	2	1	0
3.2.3	保健按摩师应具持有国家职业技能资格证书，持证上岗率达到保健按摩师的60%	3	2	1	0
3.3	芳香保健按摩（水疗）服务	优	良	中	差

续表

3.3.1	芳疗室通风良好，灯光、空调、背景音乐可调节，温度22℃~28℃，环境氛围、装修装饰、设施设备及用品具有芳疗的专业性	3	2	1	0
3.3.2	相关服务流程符合国家芳疗保健师职业标准的要求	3	2	1	0
3.3.3	芳疗师应持有国家职业技能资格证书，持证上岗率应达到芳疗师的50%	3	2	1	0
3.4	保健理疗区（房）维护保养与清洁卫生	优	良	中	差
3.4.1	天花、墙面、地面保养良好，保持清洁无水迹、无破损、无脱落、无开裂、无污渍	3	2	1	0
3.4.2	按摩床、沙发椅、衣柜（架）、茶几等稳固、安全、无破损、无污渍、无灰尘	3	2	1	0
3.4.3	独立的卫生间、淋浴间、水疗浴缸等使用安全、方便、洁净、卫生	3	2	1	0
3.4.4	相关专业用品用具配备齐全、摆放合理、洁净、卫生，服务价目表无破损、无污渍	3	2	1	0

释义：

保健理疗区是指温泉企业在宾客泡浴对人体具有一定的辅助疗效温泉后，继续为宾客提供相关专业的保健理疗项目服务的场所。

1. 足部按摩服务是宾客在泡浴温泉后选择率最高的二次消费项目。

（1）足疗区域是指独立的为宾客提供足部保健按摩的场所。要求空气良好、无异味，光线适宜宾客休息，足部按摩师工作时应配有专用的照明灯，室内应保持相应安静，无噪声、无喧哗，温度控制在22℃~28℃之间，应在明显处悬挂或摆放温湿度计。

（2）相关设施设备、用品用具要保持洁净、卫生，必须符合相关国家或行业标准要求。相关布草要做到每客更换，足部按摩技师要及时洗手消毒。

（3）足部按摩师，必须依据国家相关职业技能标准，经过培训并取得相关国家职业技能资格证书，温泉企业足部按摩师的持证上岗率必须达到足疗技师总人数的80%，并应在提供服务前向宾客说明足疗技师的职业资格水平。

2. 中医保健按摩是指为宾客提供经络、穴位推拿按摩，拔火罐、水罐或抽真空罐，刮痧、艾灸等中医保健及理疗服务。

（1）室内必须保证空气良好，灯光可以调节亮度或有专业的区域灯光设计，空调可以调节温度，有背景音乐设施设备，有中英文的理疗服务价目表，表中要有相关持证技师的简介，包括技师的照片、其职业资格证书的复印件。

（2）具体要求详见3.1.2的相关释义。

（3）具体要求详见3.1.3的相关释义，保健按摩师的持证上岗率必须达到温泉企业保健按摩技师总人数的60%。

3. 芳香保健按摩（水疗）服务是指由具有国家芳香保健师职业资格或具有国际SPA水疗职业资格的技师，在特定的场所为宾客提供SPA水疗服务。

（1）芳香SPA理疗室通风良好，应有窗户，能做到及时通风换气；灯光、空调、背景音乐均要求做到应宾客需求随时调节；温度通常要保持在22℃~28℃之间，或按宾客所要求的温度设定；环境氛围、装修装饰整体协调，相关设施设备及用品用具要符合芳香SPA水疗的专业性要求。

（2）相关服务流程，如SPA预约、前台接待咨询、介绍疗程、了解宾客身体情况、有针对性地推荐疗程及相关精油等，要符合国家芳香保健师职业技能标准的要求，或符合国际SPA行业相关标准的要求。

（3）温泉企业的芳疗师必须持有国家芳香保健师职业技能资格证书，或持有国际SPA行业公认的相关SPA技师职业资格证书，如英国芳香疗法协会的证书IFA；或其他国家卫生部或教育部认可的SPA学校的毕业证书，如泰国悦榕学院的SPA技师毕业证书。相关芳香保健师持证上岗率要达到SPA技师总人数的50%，并要在相关SPA疗程资料中有持证技师的简介，包括技师照片、其相关职业资格证书的复印件。

4. 保健理疗区（房）维护保养与清洁卫生。

具体要求详见房务中有关客房维护保养与清洁卫生的相关释义。

7.5 房务

7.5.1 客房服务质量、维护保养与清洁卫生

标准原文：

4.1	客房服务质量				
4.1.1	整理客房服务	优	良	中	差
4.1.1.1	正常情况下，每天14时前清扫客房完毕。如遇"请勿打扰"标志，按相关程序进行处理	3	2	1	0
4.1.1.2	客房与卫生间清扫整洁、无毛发、无灰尘、无污渍	3	2	1	0
4.1.1.3	所有物品已放回原处，所有客用品补充齐全	3	2	1	0
4.1.1.4	应宾客要求更换床单、被套、毛巾、浴巾等	3	2	1	0

续表

4.1.2	开夜床服务	优	良	中	差
4.1.2.1	正常情况下，每天17时到21时提供开夜床服务；如遇"请勿打扰"标志，按相关程序进行处理	3	2	1	0
4.1.2.2	客房与卫生间清扫整洁、无毛发、无灰尘、无污渍	3	2	1	0
4.1.2.3	所有物品已整理整齐，所有客用品补充齐全	3	2	1	0
4.1.3	洗衣服务	优	良	中	差
4.1.3.1	洗衣单上明确相关信息（服务时间、价格、服务电话、送回方式等），配备温泉企业专用环保洗衣袋	3	2	1	0
4.1.3.2	应宾客要求，及时收集待洗衣物，并仔细检查	3	2	1	0
4.1.3.3	在规定时间内送还衣物，包装、悬挂整齐	3	2	1	0
4.1.4	微型酒吧	优	良	中	差
4.1.4.1	小冰箱运行状态良好，无明显噪声，清洁无异味	3	2	1	0
4.1.4.2	提供微型酒吧价目表，价目表上的食品、酒水与实际提供的相一致	3	2	1	0
4.1.4.3	食品、酒水摆放整齐，且标签朝外，均在保质期之内	3	2	1	0
4.2	客房维护保养与清洁卫生	优	良	中	差
4.2.1	房门：完好、有效、自动闭合，无破损、无灰尘、无污渍	3	2	1	0
4.2.2	地面：完整，无破损、无变色、无变形、无污渍、无异味	3	2	1	0
4.2.3	窗户、窗帘：玻璃明亮、无破损、无污渍、无脱落、无灰尘	3	2	1	0
4.2.4	墙面：无破损、无裂痕、无脱落，无灰尘、无水迹、无蛛网	3	2	1	0
4.2.5	天花（包括空调排风口)：无破损、无裂痕、无脱落；无灰尘、无水迹、无蛛网、无污渍	3	2	1	0
4.2.6	家具：稳固、完好、无变形、无破损、无烫痕、无脱漆，无灰尘、无污渍	3	2	1	0
4.2.7	灯具：完好、有效；无灰尘、无污渍	3	2	1	0
4.2.8	布草（床单、枕头、被子、毛毯、浴衣等）：配置规范、清洁，无灰尘、无毛发、无污渍	3	2	1	0
4.2.9	客房内印刷品（服务指南、电视节目单、安全出口指示图等）：规范、完好、方便取用，字迹图案清晰、无皱折、无涂抹，无灰尘、无污渍	3	2	1	0
4.2.10	床头（控制）柜：完好、有效、安全，无灰尘、无污渍	3	2	1	0
4.2.11	贵重物品保险箱：方便使用，完好有效，无灰尘、无污渍	3	2	1	0
4.2.12	客房电话机：完好、有效、无灰尘、无污渍，旁边有便笺和笔	3	2	1	0
4.2.13	卫生间门、锁：安全、有效、无破损、无灰尘、无污渍	3	2	1	0
4.2.14	卫生间地面：平坦、无破损、无灰尘、无污渍、排水畅通	3	2	1	0
4.2.15	卫生间墙壁：平整、无破损、无脱落、无灰尘、无污渍	3	2	1	0
4.2.16	卫生间天花：无破损、无裂痕、无脱落、无灰尘、无水迹、无蛛网、无污渍	3	2	1	0

4.2.17	面盆、浴缸、淋浴区：洁净、无毛发、无灰尘、无污渍	3	2	1	0
4.2.18	水龙头、淋浴喷头等五金件：无污渍、无滴漏、擦拭光亮	3	2	1	0
4.2.19	恭桶：洁净、无堵塞、噪声低	3	2	1	0
4.2.20	下水：通畅、无明显噪声	3	2	1	0
4.2.21	排风系统：完好，运行时无明显噪声	3	2	1	0
4.2.21	排风系统：完好，运行时无明显噪声	3	2	1	0

释义：

客房温泉酒店的主体，是温泉酒店的重要产品之一。客房产品舒适度与服务质量所达到的水平直接影响到温泉酒店的声誉和收益。因此持续维持安全、卫生、舒适、方便的产品形态是客房维护保养和清洁卫生工作的主要任务。

1. 设施设备安全、有效、无破损、无污渍、无灰尘；客房用品摆放规范、方便使用，完好，无灰尘、无污渍是客房维护保养和清洁卫生的基本原则。同时要高度关注以下几个环节：

（1）在室内或阳台上有温泉泡池的客房，要有相关中英文使用说明和沐浴须知，要有温泉出水口的水温显示或提示标识，要有专用防滑地垫。

（2）要同时配有一次性拖鞋和塑料拖鞋，塑料拖鞋要做到每客消毒，并放在专用消毒鞋袋内。

（3）闭门器应力度适宜，做到既能自动轻闭房门，又不至于力量太大产生噪声。

（4）消防走火图应按照每间客房与紧急出口的实际走向与范围制作，标志规范、文字清晰。方向直观明确。

2. 整理客房服务作为客房服务的基本内容应成为星级温泉企业的常规性服务项目，应关注以下环节：

（1）温泉企业应制定针对温泉酒店特点的完善的管理制度和操作流程。

（2）应强化员工培训，增强员工主动服务的意识。

（3）员工在服务过程中应强化与宾客的沟通，保障客房安全和宾客的私密性，特别是入住汤屋（院）、别墅的宾客。

（4）为节能环保，减少洗涤量，温泉企业应在客房设立环保卡，引导宾客绿色消费。

（5）应通过观察、了解，适应宾客的生活习惯，对于会员应及时掌握其客史（会籍）档案的相关内容。

3. 开夜床服务是高星级温泉企业个性化、温馨化服务的一种方式，体现对宾客的热情、周到和无微不至的关怀。

主要房间整理、温泉泡池准备工作就绪、开夜床、卫生间整理四项工作。尤其在温泉泡池准备过程中，要注意摆放好塑料拖鞋、防滑地垫、地巾、一次性拖鞋、浴巾、浴袍、小方巾、矿泉水、花瓣、香薰灯等宾客泡汤的必备品。

7.5.2 前厅服务质量

标准原文：

4.3	前厅服务质量				
4.3.1	行李服务	优	良	中	差
4.3.1.1	正常情况下，有行李服务人员在门口热情友好地问候宾客	3	2	1	0
4.3.1.2	为宾客拉开车门或指引宾客进入温泉企业	3	2	1	0
4.3.1.3	帮助宾客搬运行李，确认行李件数，轻拿轻放，勤快主动	3	2	1	0
4.3.1.4	及时将行李送入房间，礼貌友好地问候宾客，将行李放在行李架或行李柜上，并向宾客致意	3	2	1	0
4.3.1.5	离店时及时收取行李，协助宾客将行李放入车辆中，并与宾客确认行李件数	3	2	1	0
4.3.2	叫醒服务	优	良	中	差
4.3.2.1	重复宾客的要求，确保信息准确	3	2	1	0
4.3.2.2	有第二遍叫醒，准确、有效地叫醒宾客，人工叫醒电话正确问候宾客	3	2	1	0

释义：

前厅服务质量具体要求详见2.1相关释义。

7.6 餐饮

7.6.1 前厅服务质量

标准原文：

5.1	餐饮服务质量				
5.1.1	自助早餐服务	优	良	中	差
5.1.1.1	在宾客抵达餐厅后，及时接待并引座；正常情况下，宾客就座的餐桌已经布置完毕	3	2	1	0
5.1.1.2	在宾客入座后及时提供咖啡或茶	3	2	1	0
5.1.1.3	所有自助餐食及时补充，适温、适量	3	2	1	0
5.1.1.4	食品和饮品均有中英文正确标记说明；标记牌洁净统一	3	2	1	0
5.1.1.5	提供加热过的盘子取用热食；厨师能够提供即时加工服务	3	2	1	0
5.1.1.6	咖啡或茶应宾客要求及时添加，如有吸烟区，应适时更换烟灰缸	3	2	1	0
5.1.1.7	宾客用餐结束后，及时收拾餐具，结账效率高、准确无差错；宾客离开餐厅时，向宾客致谢	3	2	1	0
5.1.1.8	自助早餐食品质量评价	3	2	1	0
5.1.2	正餐服务	优	良	中	差
5.1.2.1	在营业时间，及时接听电话，重复并确认所有预订细节	3	2	1	0
5.1.2.2	在宾客抵达餐厅后，及时接待并引座；正常情况下，宾客就座的餐桌已经布置完毕	3	2	1	0
5.1.2.3	提供菜单和酒水单，熟悉菜品知识，主动推荐特色菜肴，点单时与宾客保持目光交流	3	2	1	0
5.1.2.4	点菜单信息完整（如烹调方法、搭配等），点单完毕后与宾客确认点单内容	3	2	1	0
5.1.2.5	点单完成后，及时上酒水及冷盘（头盘），根据需要适时上热菜（主菜），上菜时主动介绍菜名	3	2	1	0
5.1.2.6	根据不同菜式要求及时更换、调整餐具，确认宾客需要的各种调料，提醒宾客小心餐盘烫手，西餐时，主动提供面包、黄油	3	2	1	0
5.1.2.7	向宾客展示酒瓶，在宾客面前打开酒瓶，西餐时，倒少量酒让主人鉴酒	3	2	1	0
5.1.2.8	红葡萄酒应是常温，白葡萄酒应是冰镇；操作玻璃器皿时，应握杯颈或杯底	3	2	1	0
5.1.2.9	宾客用餐结束后，结账效率高、准确无差错，主动征询宾客意见并致谢	3	2	1	0
5.1.2.10	正餐食品质量评价	3	2	1	0
5.1.3	酒吧服务（大堂吧，茶室）	优	良	中	差
5.1.3.1	宾客到达后，及时接待，热情友好；提供酒水单，熟悉酒水知识，主动推荐，点单时与宾客保持目光交流	3	2	1	0
5.1.3.2	点单后，使用托盘及时上酒水，使用杯垫，主动提供佐酒小吃	3	2	1	0
5.1.3.3	提供的酒水与点单一致，玻璃器皿与饮料合理搭配，各种酒具光亮、洁净、无裂痕、无破损，饮品温度合理	3	2	1	0
5.1.3.4	结账效率高、准确无差错；向宾客致谢	3	2	1	0

续表

5.1.4	送餐服务	优	良	中	差
5.1.4.1	正常情况下，及时接听订餐电话，熟悉送餐菜单内容，重复和确认预订的所有细节，主动告知预计送餐时间	3	2	1	0
5.1.4.2	正常情况下，送餐的标准时间为：事先填写好的早餐卡；预订时间5min内；临时订早餐：25min内；小吃：25min内；中餐或晚餐：40min内	3	2	1	0
5.1.4.3	送餐时按门铃或轻轻敲门（未经宾客许可，不得进入客房）；礼貌友好地问候宾客；征询宾客托盘或手推车放于何处，为宾客摆台、倒酒水、介绍各种调料	3	2	1	0
5.1.4.4	送餐推车保持清洁，保养良好；推车上桌布清洁，熨烫平整；饮料、食品均盖有防护用具	3	2	1	0
5.1.4.5	送餐推车上摆放鲜花瓶；口布清洁、熨烫平整、无污渍；盐瓶、胡椒瓶及其他调味品盛器洁净，装满	3	2	1	0
5.1.4.6	送餐完毕，告知餐具回收程序（如果提供回收卡，视同已告知），向宾客致意，祝愿宾客用餐愉快	3	2	1	0
5.1.4.7	送餐服务食品质量评价	3	2	1	0

释义：

第一，具体要求详见2.1.10.1~2.1.10.3的相关释义，温泉企业的自助餐服务比传统商务会议酒店的更为重要，包根据泡温泉非住店宾客的情况，可提供每天三餐的自助餐，自助餐服务不等同于取消员工服务，要根据温泉企业自身的特点，建立一套完善的服务流程。

第二，温泉企业的正餐服务是指在所有的餐厅，为宾客提供预订、现场点菜等方式的服务。特别是在健康养生餐出品设计和服务流程上要有科学依据和服务特色，如素食、药膳、有机食材及温泉企业自己的种养殖基地的产品符合国家食品药品监督管理总局的相关标准的要求，并应在中英文菜单上有重点的介绍，餐厅服务人员要熟悉和掌握推荐内容和技巧。

第三，酒吧服务（大堂吧、茶室）具体要求详见2.1.10.4相关释义。温泉企业的茶室尤为重要，要配有专业的茶艺设施设备，要有茶叶产品展示柜，服务人员应经过茶艺师的专业培训，熟悉各类茶叶的产地、品种、制作工艺、泡饮方法及流程，各种茶水对宾客的保健养生功效。

7.6.2 餐饮区域维护保养与清洁卫生

标准原文：

5.2	餐饮区域维护保养与清洁卫生	优	良	中	差
5.2.1	餐台（包括自助餐台）：稳固、美观、整洁	3	2	1	0
5.2.2	地面：完整，无破损、无变色、无变形、无污渍、无异味	3	2	1	0
5.2.3	门窗及窗帘：玻璃明亮、无破损、无变形、无划痕、无灰尘	3	2	1	0
5.2.4	墙面：平整、无破损、无裂痕、无脱落、无灰尘、无水迹、无蛛网	3	2	1	0
5.2.5	天花（包括空调排风口）：平整、无破损、无裂痕、无脱落、无灰尘、无水迹、无蛛网	3	2	1	0
5.2.6	家具：稳固、完好、无变形、无破损、无烫痕、无脱漆、无灰尘、无污染	3	2	1	0
5.2.7	灯具：完好、有效、无灰尘、无污渍	3	2	1	0
5.2.8	盆景、花木：无枯枝败叶、修剪效果好，无灰尘、无异味、无昆虫	3	2	1	0
5.2.9	艺术品：有品位、完整、无褪色、无灰尘、无污渍	3	2	1	0
5.2.10	客用品（包括台布、餐巾、面巾、餐具、烟灰缸等）：方便使用，完好、无破损、无灰尘、无污渍	3	2	1	0

释义：

餐饮区域维护保养与清洁卫生，营造出清洁、温馨、舒适、安全的就餐环境是温泉企业餐饮区域维护保养与清洁卫生的主要任务。具体要求详见4.2相关释义，同时要特别注意做到无异味、无蚊蝇、无蜘蛛网，地面无水迹、无油污。

7.7 其他服务项目

标准原文：

6.1	会议、宴会	优	良	中	差
6.1.1	提供多种厅房布置方案，并有详细文字说明	3	2	1	0
6.1.2	各种厅房的名称标牌位于厅房显著位置，到厅房的方向指示标识内容清晰，易于理解	3	2	1	0
6.1.3	各厅房的灯光、空调可独立调控	3	2	1	0
6.1.4	有窗户的厅房配备窗帘，遮光效果好	3	2	1	0
6.1.5	厅房之间有良好的隔音效果，互不干扰	3	2	1	0
6.1.6	台布、台呢整洁平整、完好、无灰尘、无污渍	3	2	1	0
6.1.7	音响、照明、投影等设施提前调试好，功能正常	3	2	1	0
6.1.8	会议期间，及时续水，响应宾客需求	3	2	1	0
6.1.9	会议休息期间，摆正椅子，整理台面，清理垃圾	3	2	1	0

续表

6.2	健身房	优	良	中	差
6.2.1	营业时间不少于12h，热情问候、接待	3	2	1	0
6.2.2	提供毛巾及更衣柜钥匙；有安全提示，提醒宾客保管贵重物品	3	2	1	0
6.2.3	温度合理、清洁卫生、感觉舒适、无异味	3	2	1	0
6.2.4	健身器械保养良好、易于操作，并配有注意事项，必要时向宾客讲解器械操作指南	3	2	1	0
6.2.5	照明、音像设施运行正常，照明充足、音质良好；备有饮水机与水杯	3	2	1	0
6.3	商务中心、商店、休闲娱乐项目	优	良	中	差
6.3.1	商务中心应明示各项服务收费规定，员工业务熟练、效率高、质量好	3	2	1	0
6.3.2	商品部商品陈列美观、明码标价、质量可靠，包装精美，与温泉企业整体氛围相协调，结账效率高，准确无差错	3	2	1	0
6.3.3	休闲娱乐设施完好、有效、安全，无灰尘、无污渍、无异味	3	2	1	0
6.3.4	休闲娱乐项目热情接待、服务周到，外包项目管理规范	3	2	1	0

释义：

第一，会议、宴会也是温泉企业重要的服务项目及市场营销的主要收益项目之一，各种会议、宴会所需的设施设备应具备，要有完善的管理制度和岗位服务流程，服务员人员要经过相关专业培训，特别要保证灯光、音响、投影、麦克风的正常使用。

第二，健身房具体要求参见2.1.6相关释义。

第三，商务中心、商店、休闲娱乐项目具体要求参见2.1.10.4-2.1.10.5相关释义。

7.8 公共、后勤区

标准原文：

7.1	周围环境	优	良	中	差
7.1.1	庭院（花园）完好，花木修剪整齐，保持清洁	3	2	1	0
7.1.2	停车场、回车线标线清晰，车道保持畅通	3	2	1	0
7.1.3	店标（旗帜）、艺术品等保养良好、无破损、无污渍	3	2	1	0
7.2	楼梯、走廊、电梯厅	优	良	中	差
7.2.1	地面：完整，无破损、无变色、无变形、无污渍、无异味	3	2	1	0
7.2.2	墙面：平整、无破损、无裂痕、无脱落，无污渍、无水迹、无蛛网	3	2	1	0

续表

7.2.3	天花（包括空调排风口）：平整、无破损、无裂痕、无脱落；无灰尘、无水迹、无蛛网	3	2	1	0
7.2.4	灯具、装饰物：保养良好、无灰尘、无破损	3	2	1	0
7.2.5	家具：洁净、保养良好、无灰尘、无污渍	3	2	1	0
7.2.6	紧急出口与消防设施：标识清晰，安全通道保持畅通	3	2	1	0
7.2.7	公用电话机：完好、有效、清洁	3	2	1	0
7.2.8	垃圾桶：完好、清洁	3	2	1	0
7.3	公共卫生间	优	良	中	差
7.3.1	地面：完整，无破损、无变色、无变形、无污渍、无异味、光亮	3	2	1	0
7.3.2	墙面：平整、无破损、无裂痕、无脱落、无灰尘、无水迹、无蛛网	3	2	1	0
7.3.3	天花（包括空调排风口）：平整、无破损、无裂痕、无脱落、无灰尘、无水迹、无蛛网	3	2	1	0
7.3.4	照明充足、温湿度适宜、通风良好	3	2	1	0
7.3.5	洗手台、恭桶、小便池保持洁净、保养良好、无堵塞、无滴漏	3	2	1	0
7.3.6	梳妆镜完好、无磨损、玻璃明亮、无灰尘、无污渍	3	2	1	0
7.3.7	洗手液、擦手纸充足，干手器完好、有效，方便使用，厕位门锁、挂钩完好、有效	3	2	1	0
7.3.8	残疾人厕位（或专用卫生间）：位置合理，空间适宜，方便使用	3	2	1	0
7.4	后勤区域	优	良	中	差
7.4.1	通往后勤区域的标识清晰、规范，各区域有完备的门锁管理制度	3	2	1	0
7.4.2	后勤区域各通道保持畅通，无杂物堆积	3	2	1	0
7.4.3	地面：无油污、无积水、无杂物、整洁	3	2	1	0
7.4.4	天花（包括空调排风口）：无破损、无裂痕、无脱落、无灰尘、无水迹、无蛛网	3	2	1	0
7.4.5	墙面：平整、无破损、无开裂、无脱落、无污渍、无蛛网	3	2	1	0
7.4.6	各项设备维护保养良好，运行正常，无"跑、冒、滴、漏"现象	3	2	1	0
7.4.7	在醒目位置张贴有关安全、卫生的须知	3	2	1	0
7.4.8	餐具的清洗、消毒、存放符合卫生标准要求，无灰尘、无水渍	3	2	1	0
7.4.9	食品的加工与贮藏严格做到生、熟分开，操作规范	3	2	1	0
7.4.10	有防鼠、蟑螂、蝇类、蚊虫的装置与措施，完好有效	3	2	1	0
7.4.11	各类库房温度、湿度适宜，照明、通风设施完备有效，整洁卫生	3	2	1	0
7.4.12	下水道无堵塞、无油污，保持畅通无阻	3	2	1	0
7.4.13	排烟与通风设备无油污、无灰尘，定期清理	3	2	1	0
7.4.14	垃圾分类收集，日产日清，垃圾房周围保持整洁，无保洁死角	3	2	1	0
7.4.15	行政后勤设施（办公室、宿舍、食堂、浴室、更衣室、培训室、医务室等）管理规范，设施设备保养良好、整洁卫生	3	2	1	0

释义：

第一，周围环境，由于温泉企业休闲、度假、养生的特有属性，以及独特的地理位置和周边的自然景观资源，因此温泉企业营造和谐、优美的周边环境尤为重要，应注意以下两项工作：

（1）庭院及花园景观要养护良好，区域内的相关设施设备要完善、整洁。

（2）停车场服务是宾客对温泉企业的第一印象，进出通道、回车线、相关管理提示等标识牌要齐全、清晰，要有专人管理指挥。

第二，楼梯、走廊、电梯厅具体要求参见2.2相关释义。

第三，公共卫生间具体要求参见4.2相关释义。

第四，后勤区域的管理充分体现温泉企业文化建设与管理的深入程度，应引起温泉企业各级管理层的高度重视。

ICS 01.080.20　　（勘误版）

A 22

中华人民共和国国家质量监督检验检疫总局备案号：33998-2011

中 华 人 民 共 和 国 旅 游 行 业 标 准

LB／T 016—2011

温泉企业服务质量等级划分与评定

Classification & accreditation for service-rated hot spring enterprise

2011－02－01发布　　　　　2011－06－01实施

中华人民共和国国家旅游局　发布

前　言

本标准按照GB/T 1.1—2009给出的规则起草。

本标准由中华人民共和国国家旅游局提出。

本标准由全国旅游标准化技术委员会（SAC/TC 210）归口。

本标准起草单位：中国旅游协会温泉旅游分会、云南省旅游业协会SPA与温泉分会、昆明市温泉旅游协会、广东温泉行业协会、重庆旅游协会温泉旅游分会、海南省旅游协会温泉分会、湖北省旅游协会温泉旅游分会。

本标准主要起草人：李任芷、刘志江、刘士军、蒋齐康、汪黎明、王长乐、张越、刘莉莉、徐杰、张源、付滇、冯煜、蒋朝磊、孙春蓉、张建彬、张永康、王永毅、王立德。

引 言

随着国民经济的发展和人民生活水平的提高,消费者享受休闲、度假、养生等康体需求的增加,温泉旅游快速发展,并形成了一定规模的市场,成为与民生紧密相连的新型产业。《温泉企业服务质量等级划分与评定》是为规范温泉旅游市场秩序,全面提升温泉旅游的管理水平和服务品质,营造低碳生态突出、文化魅力独特的温泉旅游产品而制订的中华人民共和国旅游行业标准。

本标准以科学发展观为指导,以引导温泉旅游行业健康发展、促进市场繁荣和规范秩序,不断满足消费者日益增长的健康旅游发展需求为目的,在综合云南省、广东省、广西壮族自治区、重庆市等地方标准的基础上撰写,既充分体现全国温泉旅游行业的共性特征,又具有行业引领性及适用性。

温泉企业服务质量等级划分与评定

1 范围

本标准提出了对温泉企业的泉质要求（包括泉质的分类及其辅助医疗作用）、温泉水质卫生要求和经营场所的空气质量的要求，明确星级的划分条件、服务质量和运营规范要求。

本标准适用于正式营业的各种温泉企业。

2 规范性引用文件

下列文件对于本文件的应用是必不可少的。凡是注日期的引用文件，仅所注日期的版本适用于本文件。凡是不标注日期的引用文件，其最新版本（包括所有的修改单）适用于本文件。

GB/T 155 原木检验材质评定

GB/T 5750.2 生活饮用水标准检验方法 水样的采集与保存

GB/T 5750.4 生活饮用水标准检验方法 感官性状和物理指标

GB/T 8538 饮用天然矿泉水检验方法

GB 9663 旅店业卫生标准

GB 9665 公共浴室卫生标准

GB 9666 理发店、美容店卫生标准

GB 9670 商场（店）、书店卫生标准

GB/T 11615 地热资源地质勘查规范

GB 11742 居民区大气中硫化氢卫生检验标准方法

GB/T 13727 天然矿泉水地质勘探规范

GB/T 14308 旅游饭店星级的划分与评定

GB/T 14582 环境空气中氡的标准测量方法

GB/T 17220　公共场所卫生监测技术规范

GB/T 17775　旅游景区质量等级的划分与评定

GB/T 18204.1　公共场所空气微生物检验方法 细菌总数测定

GB/T 18204.2　公共场所茶具微生物检验方法 细菌总数测定

GB/T 18204.3　公共场所茶具微生物检验方法 大肠菌群测定

GB/T 18204.4　公共场所毛巾、床上卧具微生物检验方法 细菌总数测定

GB/T 18204.5　公共场所毛巾、床上卧具微生物检验方法 大肠菌群测定

GB/T 18204.6　理发用具微生物检验方法 大肠菌群测定

GB/T 18204.7　理发用具微生物检验方法 金黄色葡萄球菌测定

GB/T 18204.8　公共场所拖鞋微生物检验方法 霉菌和酵母菌测定

GB/T 18204.9　游泳池水微生物检验方法 细菌总数测定

GB/T 18204.10　游泳池水微生物检验方法 大肠菌群测定

GB/T 18204.11　公共场所浴盆、脸（脚）盆微生物检验方法 细菌总数测定

GB/T 18204.12　公共场所浴盆、脸（脚）盆微生物检验方法 大肠菌群测定

GB/T 18204.28　游泳水温度测定方法

GB/T 18204.29　游泳水中尿素测定方法

GB/T 18883　室内空气质量标准

GB/T 18971　旅游规划通则

GBZ2-2002　工作场所有害因素职业接触限值

GBZ/T160.33　硫化氢的硝酸银比色法

LB/T007　绿色旅游饭店

WS 205　公共场所用品卫生标准

国家建设部和发改委.节水型城市考核标准.建城〔2006〕140号

3　术语和定义

下列术语和定义适用于本文件。

3.1　温泉hot spring

从地下自然涌出或人工钻井取得且水温≥25℃，并含有对人体健康有益的微量元素的矿水。

3.2　冷泉cold spring

从地下自然涌出或人工钻井取得且水温＜25℃，并含有对人体健康有益的微量元素的矿水。

注：温泉和冷泉均是指天然矿水。

3.3　温泉企业hot spring enterprise

利用温泉资源，并具备相适合的设施设备和环境条件，以温泉服务为主，并提供健康理疗、住宿、餐饮、会务、休闲、度假等相应服务的经济组织。包括温泉酒店、会所、度假村、疗养院、洗浴中心、温泉旅游小镇、温泉旅游度假区、温泉城等各类温泉企业。

3.4　温泉服务hot spring service

以温泉（含地热蒸汽、矿物泥或冷泉）为载体，以沐浴、泡汤和健康理疗为主，提供参与、体验和感悟温泉养生文化的相关产品，达到休闲、疗养及度假等目的的服务。

4　星级划分及标志

4.1　用星的数量表示温泉企业的等级。温泉企业星级分为五个级别，即一星级、二星级、三星级、四星级、五星级。最低为一星级，最高为五星级。星级越高，表示温泉企业的档次越高。

4.2　星级标志由龙形、长城、温泉标识和五角星图案构成，用一颗五角星表示一星级，两颗五角星表示二星级，三颗五角星表示三星级，四颗五角星表示四星级，五颗五角星表示五星级。

4.3　星级的标牌、证书由全国温泉旅游企业星级评定委员会统一规定。

5　总则

5.1　申请星级的温泉企业应具有由相关资质机构编制的地热资源勘查报告、温泉地热水资源综合利用专项规划、环境保护及地质灾害评估等专项规划，并符合有关法律、法规、标准的规定与要求。

5.2　星级温泉企业的建筑、附属设施设备、服务项目和运行管理应符合国家现行的安全、消防、卫生、环境保护、劳动合同等有关法律、法规的规定与要求。

5.3　各星级划分的必备项目见附录A，各星级温泉企业应逐项达标。

5.4　温泉水质感官与理化指标按附录B的指标作出评价。温泉水质卫生要求按附录B的指标作出评价。

5.5　温泉的泉质分类及辅助疗效应符合GB/T11615、GB/T13727和附录C中的相关要求。

5.6　室内温泉场所空气质量要求按附录D评价表的指标作出评价。

5.7　星级温泉企业设备设施的位置、结构、数量、面积、功能、材质、设计、装饰等评价标准见附录E。

5.8　星级温泉企业服务质量、清洁卫生、维护保养等评价标准见附录F。

5.9　一星级、二星级、三星级温泉企业是以沐浴康体为主，评定星级时应对泉质、卫生安全和温泉服务进行重点评价；四星级和五星级温泉企业是以优质温泉为核心的综合配套型企业，评定星级时应对温泉企业的服务进行全面评价。

注1：符合条件的温泉企业宜参加GB／T14308的饭店星级评定。

注2：符合条件的温泉企业宜参加GB/T17775的景区A级评定。

5.10　倡导绿色设计、清洁生产、节能减排、绿色消费的理念。

5.11　星级温泉企业应增强对突发事件的应急处置能力，突发事件处置的应急预案作为各星级温泉企业的必备条件。评定星级后，如温泉企业营运中发生重大安全责任事故，所属星级将被立即取消，相应星级标志不得继续使用。

5.12　评定星级时不应因某一区域所有权或经营权的分离，或因为建筑物的分隔而区别对待，温泉企业内所有区域应达到同一星级的质量标准和管理要求。

5.13　温泉企业开业一年后可申请评定星级，经相应星级评定机构评定后，星级标志有效期为三年。三年后应进行重新评定。

6　温泉泉质要求

6.1　基本要求

温泉的泉质分类及辅助疗效应符合GB/T11615、GB/T13727和附录C中的相关要求。

6.2　添加辅料的要求

6.2.1　应在未添加辅料前对泉质进行检测认证。

6.2.2 添加辅料后的泉质应符合附录B的相关要求。

6.2.3 使用辅料应避免与温泉中的成分冲突。

6.3 加热要求

6.3.1 在不改变温泉的成分和含量的前提下，可对温泉加热。

6.3.2 不应加入河水、普通井水或自来水等和冷泉一起加热。

6.4 降温要求

6.4.1 应采用热交换或自然降温的方法。

6.4.2 不应加入河水、普通井水或自来水等降温。

6.5 其他要求

6.5.1 除适用的消毒剂外，不应加入化学添加剂。

6.5.2 在不改变泉质的情况下，宜对温泉水进行循环使用。

6.5.3 五星级泉质成分应达到有医疗价值浓度，且泉（井）口水温应≥50℃，或泡池水温应≥40℃。

6.6 检验要求及检验内容

6.6.1 应同时对泉（井）口和各种泡池的泉质进行检测认证。

6.6.2 应分别公示泉（井）口和各种泡池的泉质、类型、温度及辅助疗效。

6.7 泉质认定标准及检测机构要求

6.7.1 温泉的泉质应以经营者获得使用权后所提交的温泉水质检验报告（成分及含量）为依据。检测机构应是省级国土资源部门指定的，且具有国家认证监督管理委员会资质的专业机构。

6.7.2 含有氡等放射性元素的温泉，还应由具有相关专业资质的检测机构另做检测认证，并出具相关专项检验报告。

7 温泉水质和场所要求

7.1 温泉水质要求

7.1.1 温泉水质感官指标见附录B中表B.1。

7.1.2 温泉水质理化指标见附录B中B.2。

7.1.3 温泉浴池水质卫生要求。

7.1.3.1 温泉浴池温度、pH值、尿素、菌落总数、大肠菌群、嗜肺军团菌卫生指标应符合附录B中表B.3的要求，检验方法分别按GB/T 18204.28、GB/T5750.2、GB/T 5750.4、GB/T 18204.29、GB/T 18204.9、GB/T 18204.10及附录B执行。

7.1.3.2　水中消毒剂要求

根据泉质选择不同的消毒方法，使用氯消毒应避免与温泉中的成分冲突，浴池水游离余氯宜持续保持在0.2～0.4mg/L之间，最大不超过1.0mg/L；如泉质pH过低或过高、有机物含量高、水温高于40℃、硫黄泉、含铁泉等情况，可选择合适的消毒剂配合臭氧、紫外线、光触媒、加热等消毒方法，以及配备相应的水循环处理系统或砂缸过滤器等设备，保证水质微生物指标合格。

7.1.3.3　当地卫生疾控部门每月至少一次对水质进行卫生检测，提倡温泉企业设立化验室和配有经培训合格的化验员。

7.2　温泉场所空气要求

7.2.1　温泉所属各类公共场所室内空气中的温度、湿度、风速、一氧化碳、二氧化碳、甲醛、可吸入颗粒物、细菌总数以及噪声、照度、新风量等应符合GB 9663、GB 9665、GB 9666、GB 9670和GB 16153中相应的卫生要求；检验方法按GB/T 18204各部分中相应的方法执行。

7.2.2　室内空气中氡及其子体浓度应符合GB/T 18883的卫生要求，检验方法按GB/T 14582和GB/T 155执行。

7.2.3　H_2S（硫黄泉）应符合GBZ2-2002的卫生要求，检测方法按GBZ/T 160.33和GB 11742执行。

7.3　卫生管理要求

7.3.1　整体环境清洁、无异味，应每周至少消毒一次，并建立卫生责任制度和检查制度。

7.3.2　更衣室地面无积水，通风良好。每周至少一次对衣物柜及其他用具进行清洗、消毒，宾客卫生用品（浴巾、浴袍、拖鞋等）一客一换，清洗消毒按GB 9663的规定执行。

7.3.3　宾客温泉沐浴前应先淋浴，淋浴区保持排水、通风设施良好,温度适宜。

7.3.4　通往沐浴温泉区的必经走道中间应设强制通过式浸脚消毒池（池长不小于2m，宽度应与走道相同，深度20cm），池水余氯含量应保持5~10mg/L，至少每两小时更换一次。

7.3.5 沐浴温泉区应保持地面清洁卫生，无积水。

7.3.6 公共浴池使用期间应保持浴池溢流状态或设有循环过滤系统，2~6人的泡池应每周至少三次清洗、消毒和换水，6~20人的泡池每周至少两次，20人以上的泡池每周至少一次。

7.3.7 在温泉接待前厅和温泉区入口处须设有告示，由当地卫生疾控部门提供的相关告示：严禁传染病、精神病、酗酒者和携带宠物者进入温泉区。

7.3.8 温泉场所的用品用具（包括杯具类、布草类、洁具类、鞋类、保健理疗类、美容美发工具类及与皮肤接触的其他用品）应符合WS 205的要求，检验方法按GB/T 18204.2、GB/T18204.3、GB/T18204.4、GB/T18204.5、GB/T18204.6、GB/T18204.7、GB/T18204.8、GB/T18204.12执行。

7.3.9 温泉浴池池壁细菌应符合WS 205中的要求，检验方法按照GB/T 18204.11和GB/T18204.12执行。

8 服务质量总体要求

8.1 服务基本原则

8.1.1 对宾客礼貌、热情、亲切、友好，一视同仁。

8.1.2 密切关注并尽量满足宾客的需求，高效率地完成对客服务。

8.1.3 遵守国家法律法规，保护宾客的合法权益。

8.1.4 尊重宾客的信仰与风俗习惯，不损害民族尊严。

8.2 服务基本要求

8.2.1 员工仪容仪表应达到：

a）遵守温泉企业的仪容仪表规范，端庄、大方、整洁；

b）着工装、佩工牌上岗；

c）服务过程中表情自然、亲切、热情适度，提倡微笑服务。

8.2.2 员工言行举止应达到：

a）语言文明、简洁、清晰，符合礼仪规范；

b）站、坐、行姿符合各岗位的规范与要求，主动服务，有职业风范；

c）以协调适宜的自然语言和身体语言对客服务，使宾客感到尊重舒适；

d）对宾客提出的问题应予耐心解释，不推诿和应付。

8.2.3　员工业务能力与技能应达到掌握相应的业务知识和服务技能，并能熟练运用。

9　管理要求

9.1　应有员工手册。

9.2　应有温泉企业组织机构图和部门组织机构图。

9.3　应有完善的规章制度、服务标准、管理规范和操作程序。一项完整的温泉企业管理规范包括规范的名称、目的、管理职责、项目运作规程（具体包括执行层级、管理对象、方式与频率、管理工作内容）、管理分工、管理程序与考核指标等项目。各项管理规范应适时更新，并保留更新记录。

9.4　应有完善的部门化运作规范。包括管理人员岗位工作说明书、管理人员工作关系表、管理人员工作项目核检表、专门的质量管理文件、工作用表和质量管理记录等内容。

9.5　应有服务和专业技术人员岗位工作说明书，对服务和专业技术人员的岗位要求、任职条件、班次、接受指令与协调渠道、主要工作职责等内容进行书面说明。

9.6　应有服务项目、程序与标准说明书，对每一个服务项目完成的目标、为完成该目标所需要经过的程序，以及各个程序的质量标准进行说明。

9.7　对国家和地方主管部门和强制性标准所要求的特定岗位的技术工作如游乐设施、医疗救护、水质化验、保健理疗、锅炉、强弱电、消防、食品加工与制作等，应有相应的工作技术标准的书面说明，相应岗位的从业人员应知晓并熟练操作。

9.8　应有其他可以证明温泉企业质量管理水平的证书或文件。

10　安全管理要求

10.1　温泉企业应取得消防等方面的安全许可，确保消防设施的完好和有效运行。

10.2　水、电、气、油、游乐设施、压力容器、管线等设施设备应安全有效运行。

10.3　应严格执行安全管理防控制度，确保安全监控设备的有效运行及人员的责任到位。

10.4　应注重食品加工流程的卫生管理，保证食品安全。

10.5　应制订和完善地震、火灾、医疗救护、食品卫生、公共卫生、治安事件、设施设备突发故障等各项突发事件应急预案。

11　各星级划分条件

11.1　必备条件

11.1.1　必备项目检查表规定了各星级应具备的泉质、卫生安全、硬件设施和服务项目。评定检查时，逐项打"√"确认达标后，再进入后续打分程序。

11.1.2　一星级必备项目见表A.1；二星级必备项目见表A.2；三星级必备项目见表A.3；四星级必备项目见表A.4；五星级必备项目见表A.5。

11.1.3　附录B、附录C的相关指标要求均为一星级至五星级温泉企业的必备条件。

11.2　设施设备

11.2.1　设施设备的要求见附录E，总分700分。

11.2.2　一星级、二星级温泉企业不作要求，三星级、四星级、五星级温泉企业规定最低得分线：三星级300分、四星级400分、五星级500分。

11.3　温泉企业运营质量

11.3.1　温泉企业运营质量的要求见附录F。总分700分。

11.3.2　温泉企业运营质量的评价内容分为总体要求、温泉水区、理疗保健、房务、餐饮、其他服务项目、公共及后勤区域7个大项。评分时按"优"、"良"、"中"、"差"打分，并计算得分率。公式为：得分率＝该项实际得分/该项标准总分×100%。

11.3.3　一星级、二星级温泉企业不作要求，三星级、四星级、五星级温泉企业规定最低得分率：三星级70%、四星级80%、五星级85%。

12　其他

对于以温泉SPA服务和住宿同为主营业务的，建筑与装修风格独特，拥有独特客户群体，管理和服务特色鲜明，且业内知名度较高温泉企业的星级评定，可参照五星级的要求（包括已通过五星级饭店评定的）。

附 录 A

（规范性附录）

必备项目检查表

表A.1给出了一星级温泉企业必备项目检查表

表A.2给出了二星级温泉企业必备项目检查表

表A.3给出了三星级温泉企业必备项目检查表

表A.4给出了四星级温泉企业必备项目检查表

表A.5给出了五星级温泉企业必备项目检查表

表A.1 一星级温泉必备项目检查表

序号	项 目	是否达标
A.1.1	温泉泉质	
A.1.1.1	温泉的泉质分类及辅助疗效应符合GB/T11615、GB/T13727和附录C中的相关要求。	
A.1.1.2	应有采水许可证、用水许可证，实施勘查钻井的还应有勘查许可证。	
A.1.1.3	应通过有资质的专业机构对温泉泉质的检测与认证。	
A.1.1.4	温泉水实际使用量不超过批准使用量。	
A.1.1.5	有温泉水温、泉质辅助疗效等信息介绍。	
A.1.2	温泉卫生	
A.1.2.1	应符合7.1温泉水质卫生标准的要求。	
A.1.2.2	应符合7.2温泉场所空气卫生指标的要求。	
A.1.2.3	水质卫生参照GB/T5750、GB/T8538、GB/T18204.29等有关标准的要求。有针对性地选择指标及限值，并经卫生疾控部门检验合格。	
A.1.2.4	室内外公共温泉泡池如遇明显的客流高峰，应换水并对泡池进行常规例行消毒，以能达到卫生疾控部门抽验合格为准。	
A.1.3	温泉水区设施设备	
A.1.3.1	有接待服务台。	
A.1.3.2	有男女更衣区（室）。	
A.1.3.3	有男女淋浴间和男女卫生间。	
A.1.3.4	有室外温泉泡池或室内温泉泡池。	
A.1.4	温泉服务	
A.1.4.1	能为客人提供12h的沐浴服务。	

序号	项 目	是否达标
A.1.4.2	有"温泉沐浴安全须知"。其内容应包括禁忌、洁身、私人物品保管等安全卫生注意事项。	
A.1.5	环保	
A.1.5.1	使用后排放的尾水必应达到市政和环保规定标准。	
A.1.6	安全	
A.1.6.1	应急安全事故处理预案。	
A.1.6.2	应符合国家有关消防安全法律的规定。	
A.1.6.3	有防暴雨、防雷电、防台风、防火等灾害性应急措施。	
A.1.6.4	对高温区、深水区等危险源应采取安全防范措施并配有水深、温度等相关警示和指示标识。	
A.1.6.5	应对室内外公共温泉水区的员工开展过相关的救护知识的培训,并与附近医院建有120联动机制。	
A.1.6.6	室内外公共温泉水区应配有相关的救护设备和用品。	
	总体是否达标结论	

表A.2 二星级温泉必备项目检查表

序号	项 目	是否达标
A.2.1	温泉泉质	
A.2.1.1	温泉的泉质分类及辅助疗效应符合GB/T11615、GB/T13727和附录C中的相关要求。	
A.2.1.2	温泉浴池中的温泉应是纯天然温泉水的水质。	
A.2.1.3	有采水许可证、用水许可证,实施勘查钻井的还应有勘查许可证。	
A.2.1.4	有勘查报告或水资源利用方案,符合GB/T11615。	
A.2.1.5	通过有资质的专业机构对温泉泉质的检测与认证。	
A.2.1.6	温泉水实际使用量不超过批准使用量。	
A.2.1.7	应设有营业场所示意图、温泉水水温、泉质介绍及营业时间、价格等信息公示设施,保证宾客获取相关信息。	
A.2.2	温泉卫生	
A.2.2.1	应符合7.1温泉水质卫生标准的要求。	
A.2.2.2	应符合7.2温泉场所空气卫生指标的要求。	
A.2.2.3	水质卫生参照GB/T5750、GB/T8538、GB/T18204.29等有关标准的要求。有针对性地选择指标及限值,并经卫生部门检验合格。	
A.2.2.4	室内外公共温泉泡池应每天由企业质检部对水质卫生进行简单的观察和检测,并实行记录备案制度。每月至少进行一次由卫生疾控部门对水质与环境卫生进行检查。	
A.2.2.5	室内外公共温泉泡池如遇明显的客流高峰,应换水并对泡池进行常规例行消毒,以能达到卫生疾控部门抽验合格为准。	
A.2.3	温泉水区设施设备	
A.2.3.1	有接待服务台。	
A.2.3.2	有与水区接待规模相适应的男女更衣区(室)。	

续表

序号	项 目	是否达标
A.2.3.3	有男女淋浴间和男女卫生间。	
A.2.3.4	有室外温泉泡池或室内温泉泡池。	
A.2.4	温泉服务	
A.2.4.1	能为客人提供14h的沐浴服务。	
A.2.4.2	温泉入口处应有"沐浴温泉安全须知"。其内容应包括禁忌、洁身、私人物品保管及安全卫生注意事项。	
A.2.5	环保	
A.2.5.1	使用后排放的尾水应达到市政和环保规定标准。	
A.2.5.2	对温泉周边的景观资源及其他环境资源制定了保护措施并认真实施。	
A.2.6	安全	
A.2.6.1	有应急安全事故处理预案。	
A.2.6.2	应符合国家有关消防安全法律的规定。	
A.2.6.3	有防暴雨、防雷电、防台风、防火等灾害性应急措施。	
A.2.6.4	对高温区、深水区等危险源应采取安全防范措施并配有水深、温度等相关警示和指示标识。	
A.2.6.5	应对室内外公共温泉水区的员工开展过相关的救护知识的培训，并与附近医院建有120联动机制。	
A.2.6.6	室内外公共温泉水区应配有相关的救护设备和用品。	
	总体是否达标结论	

表A.3 三星级温泉必备项目检查表

序号	项 目	是否达标
A.3.1	温泉泉质	
A.3.1.1	温泉的泉质分类及辅助疗效应符合GB/T11615、GB/T13727和附录C中的相关要求。	
A.3.1.2	温泉浴池中的温泉应是纯天然温泉水的水质。	
A.3.1.3	有采水许可证、用水许可证，实施勘查钻井的还应有勘查许可证。	
A.3.1.4	有勘查报告或水资源利用方案，符合GB/T11615的相关要求。	
A.3.1.5	通过有资质的专业机构对温泉泉质的检测与认证。	
A.3.1.6	温泉水实际使用量不超过批准使用量。	
A.3.1.7	新注入的温泉水应采用自然降温或热交换的方式处理，以保持温泉原有水质。	
A 3.1.8	应设有营业场所示意图、温泉水水温、泉质介绍及营业时间、价格等信息公示设施，保证宾客获取相关信息。	
A.3.2	温泉卫生	
A.3.2.1	应符合7.1温泉水质卫生标准的要求。	
A.3.2.2	应符合7.2温泉场所空气卫生指标的要求。	
A.3.2.3	水质卫生参照GB/T5750、GB/T8538、GB/T18204.29等有关标准的要求。有针对性地选择指标及限值，并经卫生疾控部门检验合格。	

序号	项　目	是否达标
A.3.2.4	室内外公共温泉泡池应每天由企业质检部对水质卫生进行简单的观察和检测，并实行记录备案制度。每月至少进行一次由卫生部防疫部门对水质与环境卫生进行检验。	
A.3.2.5	室内外公共温泉泡池如遇明显的客流高峰，应换水并对泡池进行常规例行消毒，以能达到卫生疾控部门抽验合格为准。	
A.3.2.6	严禁提供给客人循环重复使用的泳衣（裤、帽），提倡客人自带。	
A.3.2.7	应在通往沐浴温泉区的必经走道中设浸脚消毒池。	
A.3.2.8	室内外公共水区的员工进入工作区域应对鞋底进行消毒。	
A.3.2.9	客用的拖鞋、浴袍（巾）应每客更换并洗涤消毒。	
A.3.2.10	在一年内没有发生被卫生疾控部门检验不达标，并向社会通报的情况。	
A.3.3	温泉水区设施设备	
A.3.3.1	应有独立的接待前厅，且面积与水区规模相适应。	
A.3.3.2	接待前厅的功能布局合理，且能保证为客人提供服务。	
A.3.3.3	应设有与水区接待规模相适应的男女更衣区（室）。	
A.3.3.4	男女更衣区（室）应有梳妆功能。	
A.3.3.5	男女更衣区（室）的室内温度应在24℃~27℃。	
A.3.3.6	有与水区接待规模相适应的男女淋浴间和男女卫生间，并符合GB/T14308中的相关要求。	
A.3.3.7	有室外温泉泡池或室内温泉泡池。	
A.3.3.8	有与接待规模相适应的室内或室外水区休息区。	
A.3.3.9	应设有营业场所示意图、温泉水水温、泉质介绍及营业时间、价格等信息公示设施，保证宾客获取相关信息。	
A.3.3.10	应有泳衣、泳裤、泳帽等沐浴用品出售的柜台。	
A.3.4	温泉服务	
A.3.4.1	在温泉公共室内外水区能为客人提供有限的服务。	
A.3.4.2	温泉入口处应展示中外文对照的"沐浴温泉安全须知"。其内容应包括禁忌、洁身、私人物品保管及应在宾客需要的地点设立其他注意事项，且服务人员应能做解释和提示。	
A.3.4.3	至少有具备国家职业技能资格的保健按摩师1人。	
A.3.4.4	至少有具备国家职业技能资格的足部保健师2人。	
A.3.5	规划与环保	
A.3.5.1	有符合GB/T18971和建筑节能、水土保持、生态环保的完整规划与设计成果。规划成果达到国内先进水平，具有较强的可操作性。温泉企业按规划进行建设与运营管理。	
A.3.5.2	中水过后的尾水处理技术及设备达到国内水平，使用后排放的中水应达到市政和环保规定标准。	
A.3.5.3	对温泉周边的景观资源及其他环境资源制定了保护措施并认真实施。	
A.3.5.4	新建项目或改扩建项目应做环评规划，并获批准。	
A.3.6	景观与文化	
A.3.6.1	场所及服务项目能结合所在地区的历史文化、人文特征和周边资源特点。	

续表

序号	项　目	是否达标
A.3.7	安全	
A.3.7.1	全面制定应急安全事故处理预案。	
A.3.7.2	应制定安全管理制度并严格执行。	
A.3.7.3	应符合国家有关消防安全法律、法规标准。	
A.3.7.4	应进行例行安全检查并做好记录，及时发现并排除隐患。	
A.3.7.5	制定防暴雨、防雷电、防台风、防火等灾害性应急措施。	
A.3.7.6	对高温区、深水区等危险源应采取安全防范措施并配有水深、温度等相关警示和指示标识。	
A.3.7.7	应对室内外公共温泉水区的员工开展过相关的救护知识的培训，并与附近医院建有120联动机制。	
A.3.7.8	室内外公共温泉水区应配有相关的救护设备和用品。	
A.3.8	餐饮	
A.3.8.1	有中餐厅。	
A.3.8.2	有供客人休息且提供饮品服务的场所。	
A.3.8.3	有中英文菜单及饮品单。	
	总体是否达标结论	

表A.4　四星级温泉必备项目检查表

序号	项　目	是否达标
A.4.1	温泉泉质	
A.4.1.1	温泉的泉质分类及辅助疗效应符合GB/T11615、GB/T13727和附录C中的相关要求。	
A.4.1.2	温泉浴池中的温泉应是纯温泉的水质，原井口的泉温应≥50℃或至少有一个泡池泉温应≥40℃。	
A.4.1.3	有采水许可证、用水许可证，实施勘查钻井的还应有勘查许可证。	
A.4.1.4	有勘查报告或水资源利用方案，符合GB/T11615的相关要求。	
A.4.1.5	通过有资质的专业机构对温泉泉质的检测与认证。	
A.4.1.6	温泉水实际使用量不超过批准使用量。	
A.4.1.7	新注入的温泉水应采用自然降温或热交换的方式处理，以保持温泉原有水质。	
A.4.1.8	应设有营业场所示意图、温泉水温、泉质介绍及营业时间、价格等信息公示设施，保证宾客获取相关信息。	
A.4.2	温泉卫生	
A.4.2.1	应符合7.1温泉水质卫生标准的要求。	
A.4.2.2	应符合7.2温泉场所空气卫生指标的要求。	
A.4.2.3	水质卫生参照GB/T5750、GB/T8538、GB/T18204.29等有关标准的要求。有针对性地选择指标及限值，并经卫生防疫部门检验合格。	
A.4.2.4	室内外公共温泉泡池应设置企业化验室并配备相应设备，每天由企业质检部对水质卫生进行简单的观察和检测，并实行记录备案制度。每月至少进行一次由卫生疾控部门对水质与环境卫生进行检验。	

序号	项 目	是否达标
A.4.2.5	室内外公共温泉泡池如遇明显的客流高峰，应及时换水并对泡池进行常规例行消毒，以能达到卫生疾控部门随机抽验合格为准。	
A.4.2.6	客房的独立泡池应每客换水，并对泡池进行例行常规消毒。	
A.4.2.7	严禁向客人提供或出租循环使用的泳衣（裤、帽），提倡客人自带。	
A.4.2.8	应在通往沐浴温泉区的必经走道中设浸脚消毒池。	
A.4.2.9	室内外公共水区的员工进入工作区域应对鞋底进行消毒。	
A.4.2.10	客用的拖鞋、浴袍（巾）应每客更换并洗涤消毒。	
A.4.2.11	在半年内没有发生被卫生疾控部门检验不达标，并向社会通报的情况。	
A.4.3	温泉水区设施设备	
A.4.3.1	应有独立的接待前厅，且面积与水区规模相适应。	
A.4.3.2	接待前厅的功能布局合理，且能保证为客人提供便捷的服务。	
A.4.3.3	应设有与水区接待规模相适应的男女更衣区（室）。	
A.4.3.4	男女更衣区（室）有相对独立的梳妆区，并配备必需的用品。	
A.4.3.5	男女更衣区（室）的室内温度应在24℃~27℃，并配有电子显示牌或空调开关面板上能显示即时温度。	
A.4.3.6	有与水区接待规模相适应的男女淋浴间，淋浴种类至少两种。	
A.4.3.7	有男女卫生间，并应符合GB/T14308中的相关要求。	
A.4.3.8	有室内外温泉泡池，泡池种类2种以上（含2种），如不同温度的泡池、添加中草药辅料的泡池、按摩池等。	
A.4.3.9	有与接待规模相适应的室内或室外水区休息区。	
A.4.3.10	应有泳衣、泳裤、泳帽等沐浴用品出售的商场或柜台。	
A.4.4	温泉服务	
A.4.4.1	温泉入口处应展示中外文对照的"沐浴温泉安全须知"。其内容应包括禁忌、洁身、私人物品保管及应在宾客需要的地点设立其他注意事项，且服务人员应能做解释和提示。	
A.4.4.2	应有专职的宾客服务人员。	
A.4.4.3	至少有具备国家职业技能资格的保健按摩师3人。	
A.4.4.4	至少有具备国家职业技能资格的芳香保健师1人。	
A.4.4.5	至少有具备国家职业技能资格的足部保健师5人。	
A.4.5	规划与环保	
A.4.5.1	有符合GB/T18971和建筑节能、水土保持、生态环保的完整规划与设计成果。规划成果达到国内先进水平，具有较强的可操作性。温泉企业按规划进行建设与运营管理。	
A.4.5.2	中水过后的尾水处理技术及设备达到国内先进水平，在不影响温泉泉质的情况下，鼓励温泉水循环使用，使用后排放的中水应达到市政和环保规定标准。	
A.4.5.3	温泉水资源循环利用于景观、绿化、农业灌溉或渔业养殖等。	
A.4.5.4	对温泉周边的景观资源及其他环境资源制定了保护措施并认真实施。	
A.4.5.5	新建项目或改扩建项目应做环评规划，并获批准。	
A.4.6	景观与文化	

续表

序号	项　目	是否达标
A.4.6.1	场所及服务项目紧密结合所在地区的历史文化、人文特征和周边资源特点等，有一定的资源互补性、文化融合性及创新性。	
A.4.6.2	场所周边有旅游景区或自然保护区、旅游度假区、森林公园、海洋、湖泊、江河、湿地等资源有共融性。	
A.4.6.3	室内外温泉泡池具有良好的景观视觉。	
A.4.7	交通与安全	
A.4.7.1	交通设施完善，进出便捷，可进入性好。	
A.4.7.2	全面制定应急安全事故处理预案。	
A.4.7.3	应制定安全管理制度并严格执行。	
A.4.7.4	应符合国家有关消防安全法律、法规标准。	
A.4.7.5	应进行例行安全检查并做好记录，及时发现并排除隐患。	
A.4.7.6	制定防暴雨、防雷电、防台风、防火等灾害性应急措施。	
A.4.7.7	对高温区、深水区等危险源应采取安全防范措施并配有水深、温度等相关警示和指示标识，并配有电子显示牌显示即时温度，误差不能超过正负2℃。	
A.4.7.8	应对室内外公共温泉水区的员工开展过相关的救护知识的培训，并与附近医院建有120联动机制。	
A.4.7.9	室内外公共温泉水区应配有相关的救护设备和用品。	
A.4.8	房务（前厅+客房）、餐饮、会务部分	
	参照GB/T14308。	
	总体是否达标结论	

表A.5　五星级温泉必备项目检查表

序号	项　目	是否达标
A.5.1	温泉泉质	
A.5.1.1	温泉的泉质分类及辅助疗效符合GB/T11615、GB/T13727和附录C中的相关要求。	
A.5.1.2	温泉浴池中的温泉应是纯温泉的水质，原井口的泉温应≥50℃或至少有一个泡池泉温应≥40℃。	
A.5.1.3	有采水许可证、用水许可证，实施勘查钻井的还应有勘查许可证。	
A.5.1.4	有勘查报告或水资源利用方案，符合GB/T11615的相关要求。	
A.5.1.5	通过有资质的专业机构对温泉泉质的检测与认证。	
A.5.1.6	温泉水实际使用量不超过批准使用量。	
A.5.1.7	新注入的温泉水应采用自然降温或热交换的方式处理，以保持温泉原有水质。	
A.5.1.8	应设有营业场所示意图、温泉水温、泉质介绍及营业时间、价格等信息公示设施，保证宾客获取相关信息。	
A.5.2	温泉卫生	
A.5.2.1	应符合7.1温泉水质卫生要求。	
A.5.2.2	应符合7.2温泉场所空气卫生指标要求。	

序号	项　目	是否达标
A.5.2.3	水质卫生参照GB/T5750、GB/T8538、GB/T18204.29等有关标准的要求。有针对性地选择指标及限值，并经卫生疾控部门检验合格。	
A.5.2.4	室内外公共温泉泡池应设置企业化验室并配备相应设备，每天由企业质检部对水质卫生进行简单的观察和检测，并实行记录备案制度。每月至少进行一次由卫生疾控部门对水质与环境卫生进行检验。	
A.5.2.5	室内外公共温泉泡池如遇明显的客流高峰，应至少每天一次换水并对泡池进行常规例行消毒，以能达到卫生疾控部门进行随机抽验合格为准。	
A.5.2.6	客房或SPA的独立泡池应每客换水，并对泡池进行例行常规消毒。	
A.5.2.7	严禁向客人提供或出租循环使用的泳衣（裤、帽）；提倡客人自带。	
A.5.2.8	应在通往沐浴温泉区的必经走道中设置浸脚消毒池。	
A.5.2.9	室内外公共水区的员工进入工作区域应对鞋底进行消毒。	
A.5.2.10	客用的拖鞋、浴袍（巾）应每客更换并洗涤消毒。	
A.5.2.11	在半年内没有发生被卫生疾控部门检验不达标，并向社会通报的情况。	
A.5.3	温泉水区设施设备	
A.5.3.1	应有独立的接待前厅，且面积与水区规模相适应。	
A.5.3.2	接待前厅的功能布局合理，且能保证为客人提供便捷优质的服务。	
A.5.3.3	应设有与水区接待规模相适应的男女更衣区（室）。	
A.5.3.4	男女更衣区（室）有相对独立的梳妆区，并配备必需的用品。	
A.5.3.5	男女更衣区（室）的室内温度应在24℃~27℃，并配有电子显示牌或空调开关面板上能显示即时温度。	
A.5.3.6	有与水区接待规模相适应的男女淋浴间，淋浴种类至少2种。	
A.5.3.7	有男女卫生间，并应符合GB/T14308中的相关要求。	
A.5.3.8	有室内外温泉泡池，应设置固定可更换的电子显示板显示即时温度，并配有灯光照明。	
A.5.3.9	有室内外温泉泡池，泡池种类4种以上（含4种），如不同温度的泡池、添加中草药辅料的泡池、按摩池等。	
A.5.3.10	有与接待规模相适应的室内外水区休息区。	
A.5.3.11	应有泳衣、泳裤、泳帽等沐浴用品出售的商场。	
A.5.3.12	温泉游乐水区应提供浴袍、浴巾、毛巾各1件。	
A.5.4	温泉服务	
A.5.4.1	在温泉公共室内外水区能为客人提供规范性和个性化的服务。	
A.5.4.2	温泉入口处应展示中外文对照的"沐浴温泉安全须知"。其内容应包括禁忌、洁身、私人物品保管及应在宾客需要的地点设立其他注意事项，且服务人员应能做解释和提示。	
A.5.4.3	应有专职的宾客服务人员。	
A.5.4.4	应有专职会员客服人员。	
A.5.4.5	独立别墅（院）的小型温泉酒店应有专职管家，提供24h服务。	
A.5.4.6	至少有具备国家职业资格的保健按摩师5人。	
A.5.4.7	至少有具备国家职业资格的芳香保健师2人。	

序号	项　目	是否达标
A.5.4.8	至少有具备国家职业资格的足部保健师10人。	
A.5.4.9	应提供温泉及相关理疗服务的预订服务。	
A.5.4.10	应有完整的客史（会员）档案。	
A.5.5	规划与环保	
A.5.5.1	有符合GB/T18971和建筑节能、水土保持、生态环保的完整规划与设计成果。规划成果达到国内先进水平，具有较强的可操作性。温泉企业按规划进行建设与运营管理。	
A.5.5.2	中水过后的尾水处理技术及设备达到国内先进水平，使用后排放的中水应达到市政和环保的相关规定标准。	
A.5.5.3	温泉水资源循环利用于景观、绿化、热循环或种养殖业等。	
A.5.5.4	对温泉周边的景观资源及其他环境资源制定了保护措施并认真实施。	
A.5.5.5	符合《节水型城市考核标准》建城[2006]140号文件的相关规定或符合当地政府关于温泉（地热水）资源的相关管理规定。	
A.5.5.6	新建项目或改扩建项目应做环评规划，并获批准。	
A.5.5.7	符合LB/T007绿色旅游饭店中的相关要求。	
A.5.5.8	每位客人应提供浴袍、浴巾、毛巾各1件。	
A.5.6	景观与文化	
A.5.6.1	场所及服务项目紧密结合所在地区的历史文化、人文特征和周边资源特点等，有较强的资源互补性、文化融合性及创新性。	
A.5.6.2	场所周边有特色突出的旅游景区、自然保护区、旅游度假区、森林公园、海洋、湖泊、江河、湿地等。	
A.5.6.3	场所能从极佳的视觉观赏周边旅游景区的高品质景观。	
A.5.6.4	室内外公共温泉水区的设计、装饰风格具有特色鲜明的当地民族或典型异域风格。	
A.5.6.5	室内外温泉泡池具有优美的景观视觉。	
A.5.7	交通与安全	
A.5.7.1	交通设施完善，进出便捷，可进入性极强。	
A.5.7.2	全面制定应急安全事故处理预案。	
A.5.7.3	应制定安全管理制度并严格执行。	
A.5.7.4	应符合国家有关消防安全法律、法规标准。	
A.5.7.5	应进行例行安全检查并做好记录，及时发现并排除隐患。	
A.5.7.6	制定防暴雨、防雷电、防台风、防火等灾害性应急措施。	
A.5.7.7	对高温区、深水区等危险源应采取安全防范措施并配有水深、温度等相关警示和指示标识。	
A.5.7.8	应设有医务室；并有执业资格的医务人员；与附近医院建有120联动机制。	
A.5.7.9	应对室内外公共水区的员工开展相关的救护知识的培训，并有内部救护应急预案，对于有大型水池的场所，应配备相应人数的专职救生员。	
A.5.7.10	室内外公共温泉水区应配有相关的救护设备和用品。	
A.5.8	房务（前厅+客房）、餐饮、会务部分	
	参照GB/T14308。	
	总体是否达标结论	

附　录　B

（规范性附录）

温泉水质评价

B.1　温泉水质感官指标

温泉水质感官指标应符合表B.1的规定。

表B.1　感官指标及其限值

指标	限值
色度/度	≤15
浑浊度/NTU	≤5
气味	根据不同的泉质类型而定

B.2　温泉水质理化指标

B.2.1 温泉水质理化指标中的特征性指标应符合表B.2.1的规定。

表B.2.1　特征性指标及其限值

指标	限值
pH	5.8~9.0
溶解性总固体/（mg/L）	200~400
碳酸氢盐（以HCO_3^-计）/（mg/L）	110~250
偏硅酸（以H_2SiO_3计）/（mg/L）	66~120
氟化物（以F^-计）/（mg/L）	5~15
钠（Na）/（mg/L）	40~65
氡（Rn）/（Bq/L）	60~140

B.2.2 温泉水质非特征性指标应符合表B.2.2的规定。

表B.2.2 非特征性指标及其限值

指标	限值
氰化物（以CN⁻计）/（mg/L）	≤0.2
汞（Hg）/（mg/L）	≤0.0001
砷（As）/（mg/L）	≤1.0
铅（Pb）/（mg/L）	≤0.05
镉（Cd）/（mg/L）	≤0.005
滴滴涕/（mg/L）	≤1.0
六六六/（mg/L）	≤0.06
四氯化碳/（mg/L）	≤0.002
挥发性酚类（以苯酚计）/（mg/L）	≤0.005
阴离子合成洗涤剂/（mg/L）	≤0.2

B.3 温泉水质卫生指标

表B.3给出了温泉浴池水质卫生标准中的主要标准限值。

表B.3 温泉浴池水质卫生标准

项 目		标 准 值
温度，℃	浴池	≤43.0
	沐足池	≤45.0
pH值		5.8～9.0
尿素，mg/L		≤3.5
菌落总数，CFU/mL		≤1000
大肠菌群，CFU/L		≤18
嗜肺军团菌		不得检出

B.4 温泉水质检测方法

B.4.1 抽样

在沐浴温泉水区服务场所，随机选定沐浴点（沐浴池）待检:在每个待检沐浴点（沐浴池）中均匀采集不少于3L的沐浴温泉水样品。检验样本采集方案按表B.4的规定执行。对于加入中药、酒、牛奶等辅助的沐浴水池，感官指标检验样品应在加入辅料之前采集沐浴温泉水样品。

表B.4　检验样本采集方案

经营规模（池点）/场所	抽取样本量/个
10点以下	2~4
10点~50点	6~8
51点~100点	8~12
100点以上	12~20

B.4.2　型式检验

检验项目：感官指标、特征性指标、卫生指标。

型式检验包括本规范规定的所有水质指标，检验频次为每年不少于一次，连续三年监督检验均出现不合格项，进行一次型式检验。

B.4.3　判定规则

若卫生指标、非特征性指标的检验结果出现不合格项，则判定该批次沐浴温泉水质不合格。

若感官指标和特征性指标的检验结果出现不合格项，应进行加倍采样复检，若复检结果合格则判定为合格，若复检结果仍出现不合格项，则判定该批次沐浴温泉水质不合格。

附 录 C

（规范性附录）

医疗热矿水水质标准分类表

表C.1 给出了温泉作为医疗热矿水水质分类的参考依据。

表C.2 给出了温泉作为医疗热矿水泉质类型的参考依据（限值表）。

表C.1 单位：mg/L

成分	有医疗价值浓度	矿水浓度	命名矿水浓度	矿水名称
二氧化碳	250	250	1000	碳酸水
总硫化氢	1	1	2	硫化氢水
氟	1	2	2	氟水
溴	5	5	25	溴水
碘	1	1	5	碘水
锶	10	10	10	锶水
铁	10	10	10	铁水
锂	1	1	5	锂水
钡	5	5	5	钡水
偏硼酸	1.2	5	50	硼水
偏硅酸	25	25	50	硅水
氡Bq/L	37	47.14	129.5	氡水

注：本表引自GB/T11615-2010

表C.2 单位：mg/L

分类	名称	矿化度	主要成分	特殊成分 阳离子 阴离子
1	氡泉			$Rn \geq 129.5$ Bq/L
2	碳酸泉			$CO_2 \geq 1000$mg/L
3	硫化氢泉			总S量≥ 2.0mg/L
4	铁泉			Fe^{2+}、$Fe^{3+} \geq 10$mg/L
5	碘泉			$I^- \geq 5.0$mg/L

分类	名称	矿化度	主要成分	特殊成分 阳离子　阴离子
6	溴泉			Br⁻≥25mg/L
7	硅酸泉			H_2SiO_3≥50mg/L
8	重碳酸盐泉	≥1000mg/L	HCO、Na^+、Ca^{2+}、Mg^{2+}	
9	硫酸盐泉	≥1000mg/L	$SO4^{2-}$、Na^+、Ca^{2+}、Mg^{2+}	
10	氯化物泉	≥1000mg/L	Cl^-、Na^+、Ca^{2+}、Mg^{2+}	

附 录 D

（规范性附录）

公共场所集中空调通风系统卫生规范

（卫生部卫监督发［2006］58号）

表D.1给出了新风量卫生要求。

表D.2给出了送风量卫生要求。

表D.3给出了风管表面卫生要求。

表D.4给出了空气净化消毒装置的卫生安全性要求。

表D.5给出了空气净化消毒装置性能的卫生要求。

表D.1

场 所		新风量（$m^3/h \cdot$ 人）
饭店、宾馆	3~5星级	≥30
	1~2星级	≥20
	非星级	≥20
饭馆（餐厅）		≥20
影剧院、音乐厅、录像厅（室）		≥20
游艺厅、舞厅		≥30
酒吧、茶座、咖啡厅		≥10
体育馆		≥20
商场（店）、书店		≥20

表D.2

项 目	要 求
PM10	≤0.08 mg/m^3
细菌总数	≤500 cfu/m^3
真菌总数	≤500 cfu/m^3
b–溶血性链球菌等致病微生物	不得检出

表D.3

项 目	要 求
积尘量	≤20 g/m²
致病微生物	不得检出
细菌总数	≤100 cfu/cm²
真菌总数	≤100 cfu/cm²

表D.4

项 目	允许增加量
臭氧	≤0.10 mg/m³
紫外线（装置周边30cm处）	≤5 mw/cm²
TVOC	≤0.06 mg/m³
PM10	≤0.02 mg/m³

表D.5

项 目	条 件	要 求
装置阻力	正常送排风量	≤50 Pa
颗粒物净化效率	一次通过	≥50%
微生物净化效率	一次通过	≥50%
连续运行效果	24小时运行前后净化效率比较	效率下降<10%
消毒效果	一次通过	除菌率≥90%

附 录 E

（规范性附录）

设施设备评分表

表E给出了设施设备与环境质量评分表。

表E 设施设备与环境质量评分表

序号	评定项目	各大项总分	各分项总分	各分项总分	各小项总分	各次小分项总分	计分	记分栏	记分栏	记分栏
1	温泉资源	50								
1.1	泉质		20							
1.1.1	达到命名矿水浓度			20						
1.1.2	达到有医疗价值浓度			10						
1.2	泉（井）口水温		10							
1.2.1	70℃以上			10						
1.2.2	50℃~70℃			8						
1.2.3	37℃~50℃			6						
1.2.4	25℃~37℃			4						
1.3	类型（在同一企业区域内）		10							
1.3.1	有3种以上不同类型的温泉（含3种）			8						
1.3.2	有2种以上不同类型的温泉（含2种）			6						
1.3.3	同时有冷泉			2						
1.4	日出水量		10							
1.4.1	10000m³以上			10						
1.4.2	5000~10000m³			8						
1.4.3	2000~5000m³			6						
1.4.4	2000m³以下			4						
2	规划与环保	30								
2.1	规划		10							
2.1.1	编制地热资源综合利用规划			4						
2.1.2	编制温泉旅游总体规划或控制性规划			3						

序号	评定项目	各大项总分	各分项总分	各小项总分	各次小分项总分	计分	记分栏	记分栏	记分栏
2.1.3	编制专项环境评价规划			2					
2.1.4	编制专项地质灾害评价报告书			1					
2.2	环保		16						
2.2.1	利用地热先进技术			8					
2.2.1.1	综合利用地热发电、采暖、加温				8				
2.2.1.2	用地热发电				6				
2.2.1.3	用热交换给水加温				4				
2.2.2	综合节水措施（处理后的中水）			8					
2.2.2.1	综合用于清洁卫生、景观、绿化及种养殖等				8				
2.2.2.2	用于景观				2				
2.2.2.3	用于绿化				2				
2.2.2.4	用于企业特色养殖				2				
2.2.2.5	用于企业特色种植				2				
2.3	泉（井）口保护区		4						
2.3.1	在50m范围内禁止一切建筑物			4					
2.3.2	在20m范围内禁止一切建筑物			2					
3	卫生设施设备	30							
3.1	水质卫生		12						
3.1.1	有中央水质过滤消毒系统设备			5					
3.1.2	有小型专用消毒设备			3					
3.1.3	有化验室和培训合格的化验员			2					
3.1.4	有砂缸过滤器			1					
3.1.5	人工添加消毒剂			1					
3.2	用品用具卫生		10						
3.2.1	有专用的臭氧消毒室			4					
3.2.2	有专用的紫外线消毒室			3					
3.2.3	有专用的电子消毒柜			2					
3.2.4	有专用的高温消毒机			1					
3.3	洗衣房		8						
3.3.1	有专业水洗机			2					
3.3.2	有专业烘干机			2					
3.3.3	有专业烫平机			2					
3.3.4	有专业的拖鞋消毒池			2					

序号	评定项目	各大项总分	各分项总分	各分项总分	各小项总分	各次小分项总分	计分	记分栏	记分栏	记分栏
4	水区服务设施	110								
4.1	前厅接待区		20							
4.1.1	总台有接待、问讯、收银功能				2					
4.1.2	有更换拖鞋的区域（配有沙发、茶几）				2					
4.1.3	提供饮水机				1					
4.1.4	有空调，温度在20℃~24℃				3					
4.1.5	有大堂吧或茶吧				2					
4.1.6	公共卫生间				4					
4.1.6.1	材料、装修和洁具					2				
4.1.6.1.1	较好						2			
4.1.6.1.2	普通						1			
4.1.6.2	设计及设施配备					2				
4.1.6.2.1	齐全						2			
4.1.6.2.2	一般						1			
4.1.7	客用电梯				4					
4.1.8	有商场				2					
4.2	更衣区		10							
4.2.1	室内空气良好，温度在24℃~27℃				2					
4.2.2	更衣柜				7					
4.2.2.1	有服务员和宾客公用开启的电子锁					2				
4.2.2.2	规格尺寸					2				
4.2.2.2.1	高度不小于60cm，进深不小于55cm，宽度不小于50cm						2			
4.2.2.2.2	高度不小于50cm，进深不小于45cm，宽度不小于40cm						1			
4.2.2.3	材质、工艺、装饰					2				
4.2.2.3.1	较好						2			
4.2.2.3.2	普通						1			
4.2.2.4	不少于5个衣架					1				
4.2.3	相配套的更衣凳				1					
4.3	室内水区		40							
4.3.1	淋浴间				4					
4.3.1.1	下水保持通畅，不外溢					1				

序号	评定项目	各大项总分	各分项总分	各分项总分	各小项总分	各次小分项总分	计分	记分栏	记分栏	记分栏
4.3.1.2	有不少于更衣柜数量1%的淋浴隔断				1					
4.3.1.3	淋浴有水流定温和调节功能				1					
4.3.1.4	提供淋浴液、洗发液				1					
4.3.2	公共卫生间				4					
4.3.2.1	材料、装修和洁具					2				
4.3.2.1.1	较好					2				
4.3.2.1.2	普通					1				
4.3.2.2	设计及设施配备					2				
4.3.2.2.1	齐全					2				
4.3.2.2.2	一般					1				
4.3.3	梳妆区				4					
4.3.3.1	有梳妆台、凳、镜子、镜前灯或壁灯					1				
4.3.3.2	提供吹风机、梳子					1				
4.3.3.3	提供护肤霜、面巾纸、棉签、定发剂					1				
4.3.3.4	有脚踏式垃圾桶					1				
4.3.4	桑拿蒸房				8					
4.3.4.1	利用地热或气泉蒸房					4				
4.3.4.2	普通的干蒸房					2				
4.3.4.3	普通的湿蒸房					2				
4.3.5	泡池				17					
4.3.5.1	种类					10				
4.3.5.1.1	3个以上不同温度					2				
4.3.5.1.2	2个以上添加不同辅料					2				
4.3.5.1.3	鱼疗					2				
4.3.5.1.4	有水上游乐设施的儿童池					2				
4.3.5.1.5	人工瀑布、冲浪等水疗功能					2				
4.3.5.2	面积					7				
4.3.5.2.1	1000m²以上					7				
4.3.5.2.2	500m²以上					5				
4.3.5.2.3	200m²以上					2				
4.3.6	墙上有嵌入式电视				2					
4.3.7	有背景音乐				1					
4.4	室外水区			30						

序号	评定项目	各大项总分	各分项总分	各分项总分	各小项总分	各次小分项总分	计分	记分栏	记分栏	记分栏
4.4.1	泡池数量				10					
4.4.1.1	30个以上					10				
4.4.1.2	20个以上					8				
4.4.1.3	10个以上					6				
4.4.2	泡池种类				10					
4.4.2.1	20种以上					10				
4.4.2.2	10种以上					8				
4.4.2.3	5种以上					6				
4.4.3	绿化景观				5					
4.4.3.1	有专业绿化景观设计，且效果佳					5				
4.4.3.2	有绿化景观效果					3				
4.4.4	灯光效果				5					
4.4.4.1	有专业灯光效果设计，且效果佳					5				
4.4.4.2	有灯光效果设计					3				
4.5	二次更衣区			10						
4.5.1	区域功能设计合理，通道标志清楚				2					
4.5.2	布草柜（架）容量与更衣柜数量相匹配				2					
4.5.3	配有专业暖风机				2					
4.5.4	配有专业红外线取暖灯				2					
4.5.5	浴袍、休息服、浴巾、面巾、一次性内裤、拖鞋等必备品准备充足				2					
5	理疗区服务设施	60								
5.1	私密露天泡池与露天理疗区		30							
5.1.1	泡池数量				10					
5.1.1.1	5个以上私密露天泡池					10				
5.1.1.2	2~5个私密露天泡池					8				
5.1.1.3	最少1个私密露天泡池					6				
5.1.2	护理区面积				5					
5.1.2.1	不小于露天泡池面积的20%					5				
5.1.2.2	不小于露天泡池面积的10%					3				
5.1.3	设施与用品				5					
5.1.3.1	配备与泡池风格相符的理疗床、躺椅、遮阳伞、桌椅、衣架等必需品					3				
5.1.3.2	有中英文服务价目表					1				

序号	评定项目	各大项总分	各分项总分	各分项总分	各小项总分	各次小分项总分	计分	记分栏	记分栏	记分栏
5.1.3.3	提供饮料、果点服务					1				
5.1.4	景观				5					
5.1.4.1	视觉观赏效果佳					5				
5.1.4.2	有视觉观赏效果					3				
5.1.5	私密性				5					
5.1.5.1	在100 m范围内无人（公共区域）干扰					5				
5.1.5.2	在50 m范围内无人（公共区域）干扰					3				
5.2	室内理疗室			30						
5.2.1	数量				10					
5.2.1.1	8间以上					10				
5.2.1.2	4~8间					8				
5.2.1.3	2~4间					6				
5.2.2	面积				10					
5.2.2.1	>30m²					10				
5.2.2.2	20~30m²					8				
5.2.2.3	10~20m²					6				
5.2.3	设施				10					
5.2.3.1	有可自动调节的护理床					2				
5.2.3.2	普通护理床					1				
5.2.3.3	有卫生间					3				
5.2.3.4	有理疗师专用的面盆					2				
5.2.3.5	有背景音乐					1				
5.2.3.6	有香薰灯（具）					1				
6	景观与文化	20								
6.1	A级旅游景区			12						
6.1.1	5A级旅游景区				12					
6.1.2	4A级旅游景区				10					
6.1.3	3A级旅游景区				8					
6.2	其他自然景观			4						
6.2.1	海洋、湖泊、江河、湿地、瀑布、森林				2					
6.2.1.1	景观视觉佳					2				
6.2.1.2	有景观视觉					1				
6.2.2	历史人文景观				2					

序号	评定项目	各大项总分	各分项总分	各分项总分	各小项总分	各次小分项总分	计分	记分栏	记分栏	记分栏
6.2.2.1	景观视觉佳				2					
6.2.2.2	有景观视觉				1					
6.3	历史人文资源		4							
6.3.1	历史名胜古迹			2						
6.3.1.1	国家级				2					
6.3.1.2	省级				1					
6.3.2	少数民族文化			2						
6.3.2.1	位于少数民族自治州辖区内				2					
6.3.2.2	位于少数民族自治县辖区内				1					
7	交通与安全	30								
7.1	交通设施的通达性		8							
7.1.1	直达机场距离			2						
7.1.1.1	50km以内				2					
7.1.1.2	100km以内				1					
7.1.2	直达高速公路进、出口距离			2						
7.1.2.1	10km以内				2					
7.1.2.2	30km以内				1					
7.1.3	直达客运火车站距离			2						
7.1.3.1	10km以内				2					
7.1.3.2	30km以内				1					
7.1.4	直达客用航运码头距离			2						
7.1.4.1	10km以内				2					
7.1.4.2	30km以内				1					
7.2	停车场		8							
7.2.1	面积			2						
7.2.1.1	500m²以上（含500m²）				2					
7.2.1.2	200m²以上（含200m²）				1					
7.2.2	距离			2						
7.2.2.1	在温泉周围100m内可以停放汽车				2					
7.2.2.2	在温泉周围200m内可以停放汽车				1					
7.2.3	地面			2						
7.2.3.1	生态绿化				2					

序号	评定项目	各大项总分	各分项总分	各分项总分	各小项总分	各次小分项总分	计分	记分栏	记分栏	记分栏
7.2.3.2	普通地面				1					
7.2.4	停车场管理			2						
7.2.4.1	停车分区，设停车线				1					
7.2.4.2	车场内有方向引导指示标识				1					
7.3	内部交通		4							
7.3.1	有游览线路标志牌			1						
7.3.2	进出口设置合理			1						
7.3.3	有客用电瓶车			2						
7.4	安全设施		10							
7.4.1	有医务室			6						
7.4.1.1	有医师资质的医生				4					
7.4.1.2	与就近的医院建立120联动机制				2					
7.4.2	锅炉、水电、电梯、游乐设备和救生、卫生化验等工种均须全部持证上岗，并保证相关设备安全运行。				4					
8	行政后勤设施	10								
8.1	有独立的员工食堂			1						
8.2	有独立的更衣间			1						
8.3	有员工浴室			1						
8.4	有倒班宿舍			1						
8.5	有员工专用培训教室，配置必要的教学仪器和设备			1						
8.6	有员工活动室			1						
8.7	有员工电梯（或服务电梯）			1						
8.8	有行政管理办公区			1						
8.9	有医务室并可对宾客提供服务			2						
9	其他特色设施	60								
9.1	药浴种类较多			5						
9.2	客房阳台上设置护理及设施			3						
9.2.1	景观视角条件佳，设施配套				3					
9.2.2	景观视角条件一般，设施一般				2					
9.3	别墅或VIP庭院			3						
9.3.1	环境优越、私密性强、文化氛围强，亭阁榭提供护理设施，相关配套完善				3					

续表

序号	评定项目	各大项总分	各分项总分	各小项总分	各次小分项总分	计分	记分栏	记分栏	记分栏
9.3.2	环境优越，亭阁榭提供护理设施，有相关配套			2					
9.4	有水边（上）、山（溪）谷SPA服务		4						
9.4.1	水上有SPA专用游船，游船风格与整体环境相结合			2					
9.4.1.1	温泉企业有自己的SPA专用游船，游船风格与整体环境协调融合				2				
9.4.1.2	温泉企业租用游船，游船风格与整体环境相协调				1				
9.4.2	建筑与环境			2					
9.4.2.1	相关建筑融合水体与山谷景观特征，环境优越、私密性强				2				
9.4.2.2	相关建筑与水体和山谷景观特征有所差异，但环境优越、私密性强				1				
9.5	高尔夫球场和室外网球场		15						
9.5.1	有18洞标准高尔夫球场			8					
9.5.2	有迷你高尔夫球场			3					
9.5.3	有高尔夫练习场			2					
9.5.4	有室内或室外网球场			2					
9.6	户外拓展运动		5						
9.7	特色养生项目		5						
9.8	表演项目		5						
9.9	水上运动		5						
9.10	游乐场		5						
9.11	滑雪场		5						
10	房务设施	230							
10.1	房务（前厅）		50						
10.1.1	地面装饰			8					
10.1.1.1	采用高档花岗岩、大理石或其他高档材料（材质高档、色泽均匀、拼接整齐、工艺精致、装饰性强，与整体氛围相协调）				8				
10.1.1.2	采用优质花岗岩、大理石或其他材料（材质良好，工艺较好）				6				
10.1.1.3	采用普通花岗岩、大理石或其他材料（材质一般，有色差）				4				
10.1.1.4	采用普通材料（普通木地板、地砖等）				2				
10.1.2	墙面装饰			6					

序号	评定项目	各大项总分	各分项总分	各分项总分	各小项总分	各次小分项总分	计分	记分栏	记分栏	记分栏
10.1.2.1	采用高档花岗岩、大理石或其他高档材料（材质高档、色泽均匀、拼接整齐、工艺精致、装饰性强，与整体氛围相协调）				6					
10.1.2.2	采用优质木材或高档墙纸（布）（立面有线条变化，高档墙纸包括丝质及其他天然原料墙纸）				4					
10.1.2.3	采用普通花岗岩、大理石或木材				2					
10.1.2.4	采用墙纸或喷涂材料				1					
10.1.3	天花				5					
10.1.3.1	工艺精致、造型别致，与整体氛围相协调				5					
10.1.3.2	工艺较好，格调一般				3					
10.1.3.3	有一定装饰				1					
10.1.4	艺术装饰				2					
10.1.4.1	有壁画或浮雕或其他艺术品装饰				2					
10.14.2	有简单艺术装饰				1					
10.1.5	家具（台、沙发等）				5					
10.1.5.1	设计专业、材质高档、工艺精致，摆设合理，使用方便、舒适				5					
10.1.5.2	材质较好，工艺较好				3					
10.1.5.3	材质普通，工艺一般				1					
10.1.6	灯具与照明				5					
10.1.6.1	照明设计有专业性，采用高档定制灯具，功能照明、重点照明、氛围照明和谐统一				5					
10.6.1.2	采用高档灯具，照明整体效果较好				3					
10.6.1.3	采用普通灯具，照明效果一般				1					
10.1.7	整体装饰效果				4					
10.1.7.1	色调协调，氛围浓郁，有中心艺术品，感观效果突出				4					
10.1.7.2	有艺术品装饰，工艺较好，氛围一般				2					
10.7.1.3	有一定的装饰品				1					
10.1.8	客用电梯				9					
10.1.8.1	数量				4					
10.1.8.1.1	不少于平均每70间客房一部客用电梯					4				
10.1.8.1.2	不少于平均每100间客房一部客用电梯					2				
10.1.8.2	性能优良、运行平稳、梯速合理				2					
10.1.8.3	内饰与设备				3					

序号	评定项目	各大项总分	各分项总分	各分项总分	各小项总分	各次小分项总分	计分	记分栏	记分栏	记分栏
10.1.8.3.1	有一定装饰、照明充足					0.5				
10.1.8.3.2	有主要设施楼层指示					0.5				
10.1.8.3.3	有扶手杆					0.5				
10.1.8.3.4	有通风系统					0.5				
10.1.8.3.5	与外界联系的对讲功能					0.5				
10.1.8.3.6	轿厢两侧均有按键					0.5				
10.1.9	前厅整体舒适度				6					
10.1.9.1	绿色植物、花卉摆放得体，插花有艺术感，令宾客感到自然舒适					2				
10.1.9.2	光线、温度适宜					2				
10.1.9.3	背景音乐曲目适宜、音质良好、音量适中，与前厅整体氛围协调					2				
10.1.9.4	异味，烟尘，噪声，强风（扣分，每项扣1分）					−4				
10.1.9.5	置于前厅明显位置的商店、摊点影响整体氛围					−4				
10.2	客房	180								
10.2.1	普通客房（10.2.1–10.2.10均针对普通客房打分）		26							
10.2.1.1	70%客房的净面积（不包括卫生间和门廊）			16						
10.2.1.1.1	不小于36m²				16					
10.2.1.1.2	不小于30m²				12					
10.2.1.1.3	不小于24m²				8					
10.2.1.1.4	不小于20m²				6					
10.2.1.1.5	不小于16m²				4					
10.2.1.1.6	不小于14m²				2					
10.2.1.2	净高度				4					
10.2.1.2.1	不低于3m				4					
10.2.1.2.2	不低于2.7m				2					
10.2.1.3	软床垫（长度不小于1.9m），宽度				6					
10.2.1.3.1	单人床				3					
10.2.1.3.1.1	不小于1.35m					3				
10.2.1.3.1.2	不小于1.2m					2				
10.2.1.3.1.3	不小于1.1m					1				
10.2.1.3.2	双人床				3					
10.2.1.3.2.1	不小于2.2m					3				

续表

序号	评定项目	各大项总分	各分项总分	各分项总分	各小项总分	各次小分项总分	计分	记分栏	记分栏	记分栏
10.2.1.3.2.2	不小于2.0m						2			
10.2.1.3.2.3	不小于1.8m						1			
10.2.2	装修与装饰				11					
10.2.2.1	地面					3				
10.2.2.1.1	采用优质地毯或木地板，工艺精致						3			
10.2.2.1.2	采用高档地砖、普通地毯或木地板，工艺较好						2			
10.2.2.1.3	采用普通地砖或水磨石地面，工艺一般						1			
10.2.2.2	墙面					2				
10.2.2.2.1	采用高级墙纸或其他优质材料，有艺术品装饰						2			
10.2.2.2.2	采用普通涂料或墙纸						1			
10.2.2.3	天花有装饰					2				
10.2.2.4	整体装饰效果					4				
10.2.2.4.1	工艺精致、色调协调，格调高雅						4			
10.2.2.4.2	工艺较好、格调统一						2			
10.2.2.4.3	工艺一般						1			
10.2.3	家具				7					
10.2.3.1	档次					4				
10.2.3.1.1	设计专业、材质高档、工艺精致，摆设合理，使用方便、舒适						4			
10.2.3.1.2	材质较好，工艺较好						2			
10.2.3.1.3	材质普通，工艺一般						1			
10.2.3.2	衣橱					3				
10.2.3.2.1	步入式衣物储藏间						3			
10.2.3.2.2	进深不小于55cm，宽度不小于110cm						2			
10.2.3.2.3	进深不小于45cm，宽度不小于90cm						1			
10.2.4	灯具和照明				11					
10.2.4.1	灯具配备					9				
10.2.4.1.1	主光源（顶灯或槽灯）						1			
10.2.4.1.2	门廊照明灯						1			
10.2.4.1.3	床头照明灯						1			
10.2.4.1.4	写字台照明灯						1			
10.2.4.1.5	衣柜照明灯						1			
10.2.4.1.6	行李柜照明灯						1			

序号	评定项目	各大项总分	各分项总分	各分项总分	各小项总分	各次小分项总分	计分	记分栏	记分栏	记分栏
10.2.4.1.7	小酒吧照明灯					1				
10.2.4.1.8	装饰物照明灯					1				
10.2.4.1.9	夜灯					1				
10.2.4.2	灯光控制				2					
10.2.4.2.1	各灯具开关位置合理,床头有房间灯光"一键式"总控制开关,标识清晰,方便使用					2				
10.2.4.2.2	各灯具开关位置合理,方便使用					1				
10.2.5	彩色电视机			6						
10.2.5.1	类型与尺寸				3					
10.2.5.1.1	平板电视,不小于25英寸					3				
10.2.5.1.2	普通电视,不小于25英寸					2				
10.2.5.1.3	普通电视,不小于21英寸					1				
10.2.5.2	频道和节目				2					
10.2.5.2.1	卫星、有线闭路电视节目不少于30套					1				
10.2.5.2.2	外语频道或外语节目不少于3套					1				
10.2.5.3	有电视频道指示说明及电视节目单				1					
10.2.6	客房电话			5						
10.2.6.1	程控电话机,有直拨国际、国内长途功能				1					
10.2.6.2	有语音信箱及留言指示灯				1					
10.2.6.3	电话机上有饭店常用电话号码和使用说明				1					
10.2.6.4	附设写字台电话(双线制)				1					
10.2.6.5	配备本地电话簿				1					
10.2.7	微型酒吧(包括小冰箱)			5						
10.2.7.1	数量				3					
10.2.7.1.1	100%的客房有微型酒吧(包括小冰箱)					3				
10.2.7.1.2	不少于50%的客房有微型酒吧(包括小冰箱)					1				
10.2.7.2	提供适量饮品和食品,并配备相应的饮具				1					
10.2.7.3	100%以上客房配备静音、节能、环保型小冰箱				1					
10.2.8	客房便利设施及用品			12						
10.2.8.1	电热水壶				1					
10.2.8.2	熨斗和熨衣板				1					
10.2.8.3	西装衣撑				1					
10.2.8.4	每房不少于4个西服衣架、2个裤架和2个裙架				1					

序号	评定项目	各大项总分	各分项总分	各分项总分	各小项总分	各次小分项总分	计分	记分栏	记分栏	记分栏
10.2.8.5	不间断电源插座（国际通用制式）不少于两处，并有明确标识，方便使用					1				
10.2.8.6	吹风机					1				
10.2.8.7	浴衣（每客1件）					1				
10.2.8.8	备用被毯（每床1条）					1				
10.2.8.9	咖啡（含伴侣、糖），配相应杯具					1				
10.2.8.10	环保或纸制礼品袋（每房2个）					1				
10.2.8.11	针线包					1				
10.2.8.12	文具（含铅笔、橡皮、曲别针等）					1				
10.2.9	客房必备物品（少一项，扣1分）									
10.2.9.1	服务指南（含欢迎词、饭店各项服务简介）									
10.2.9.2	笔									
10.2.9.3	信封（每房不少于2个）									
10.2.9.4	信纸（每房不少于4张）									
10.2.9.5	免费茶叶									
10.2.9.6	暖水瓶（有电热水壶可不备）									
10.2.9.7	凉水瓶（或免费矿泉水）									
10.2.9.8	擦鞋用具（每房2份）									
10.2.9.9	"请勿打扰"、"请清理房间"挂牌或指示灯									
10.2.9.10	垃圾桶									
10.2.9.11	根据不同床型配备相应数量的枕芯、枕套、床单、毛毯或棉被									
10.2.10	客房卫生间				47					
10.2.10.1	70%的客房卫生间面积					5				
10.2.10.1.1	不小于8m²						5			
10.2.10.1.2	不小于6m²						4			
10.2.10.1.3	不小于5m²						3			
10.2.10.1.4	不小于4m²						2			
10.2.10.1.5	小于4m²						1			
10.2.10.2	卫生间装修					6				
10.2.10.2.1	专业设计，全部采用高档材料装修（优质大理石、花岗岩等）、工艺精致，采用统一风格的高级品牌卫浴设施						6			
10.2.10.2.2	采用高档材料装修，工艺较好						4			

序号	评定项目	各大项总分	各分项总分	各分项总分	各小项总分	各次小分项总分	计分	记分栏	记分栏	记分栏
10.2.10.2.3	采用普通材料装修，工艺一般					2				
10.2.10.3	卫生间设施布局				4					
10.2.10.3.1	不少于50%的客房卫生间淋浴、浴缸、恭桶分隔					4				
10.2.10.3.2	不少于50%的客房卫生间淋浴和浴缸分隔					3				
10.2.10.3.3	不少于50%的客房卫生间有浴缸					1				
10.2.10.4	面盆及五金件				2					
10.2.10.4.1	高档面盆及配套五金件					2				
10.2.10.4.2	普通面盆及五金件					1				
10.2.10.5	浴缸及淋浴				12					
10.2.10.5.1	浴缸和淋浴间均有单独照明，分区域照明充足					1				
10.2.10.5.2	完全打开热水龙头，水温在15s内上升到46℃~51℃，水温稳定					1				
10.2.10.5.3	水流充足（水压为0.2 MPa~0.35MPa）、水质良好					1				
10.2.10.5.4	淋浴间下水保持通畅，不外溢					1				
10.2.10.5.5	浴缸					3				
10.2.10.5.5.1	高档浴缸（配带淋浴喷头）及配套五金件							3		
10.2.10.5.5.2	普通浴缸（配带淋浴喷头）或只有淋浴间							1		
10.2.10.5.6	所有浴缸上方安装扶手，符合安全规定					1				
10.2.10.5.7	淋浴喷头的水流可以调节					1				
10.2.10.5.8	淋浴有水流定温功能					1				
10.2.10.5.9	配备热带雨林喷头					1				
10.2.10.5.10	浴缸及淋浴间配有防滑设施（或有防滑功能）					1				
10.2.10.6	恭桶				3					
10.2.10.6.1	高档节水恭桶					3				
10.2.10.6.2	普通节水恭桶					1				
10.2.10.7	其他				15					
10.2.10.7.1	饮用水系统					2				
10.2.10.7.2	梳妆镜					2				
10.2.10.7.2.1	防雾梳妆镜							2		
10.2.10.7.2.2	普通梳妆镜							1		
10.2.10.7.3	化妆放大镜					1				
10.2.10.7.4	面巾纸					1				
10.2.10.7.5	110V/220V不间断电源插座（低电流）					1				

序号	评定项目	各大项总分	各分项总分	各分项总分	各小项总分	各次小分项总分	计分	记分栏	记分栏	记分栏
10.2.10.7.6	晾衣绳					1				
10.2.10.7.7	呼救按钮或有呼救功能的电话					1				
10.2.10.7.8	连接客房电视的音响装置					1				
10.2.10.7.9	体重秤					1				
10.2.10.7.10	电话副机（方便宾客取用）					1				
10.2.10.7.11	浴室里挂钩不少于1处，方便使用					1				
10.2.10.7.12	浴帘或其他防溅设施					1				
10.2.10.7.13	浴巾架					1				
10.2.10.8	卫生间客用必备品（少一项扣1分）									
10.2.10.8.1	漱口杯（每房2个）									
10.2.10.8.2	浴巾（每房2条）									
10.2.10.8.3	地巾									
10.2.10.8.4	面巾（每房2条）									
10.2.10.8.5	卫生袋									
10.2.10.8.6	卫生纸									
10.2.10.8.7	垃圾桶									
10.2.11	套房			14						
10.2.11.1	数量				3					
10.2.11.1.1	不少于客房总数的20%（不包括连通房）					3				
10.2.11.1.2	不少于客房总数的10%（不包括连通房）					2				
10.2.11.1.3	不少于客房总数的5%（不包括连通房）					1				
10.2.11.2	规格				6					
10.2.11.2.1	至少有三种规格的套房					2				
10.2.11.2.2	有豪华套房					4				
10.2.11.2.2.1	至少有卧室2间、会客室、餐厅、书房各1间（卫生间3间）					4				
10.2.11.2.2.2	至少有卧室2间、会客室1间、餐厅或书房各1间（卫生间3间）					2				
10.2.11.3	套房卫生间				5					
10.2.11.3.1	有供主人和来访宾客分别使用的卫生间					2				
10.2.11.3.2	有由卧室和客厅分别直接进入的卫生间（双门卫生间）					1				
10.2.11.3.3	有音响装置					1				
10.2.11.3.4	配有电视机					1				

续表

序号	评定项目	各大项总分	各分项总分	各分项总分	各小项总分	各次小分项总分	计分	记分栏	记分栏	记分栏
10.2.12	有残疾人客房,配备相应的残障设施			2						
10.2.13	设无烟楼层			2						
10.2.14	客房舒适度			27						
10.2.14.1	布草				7					
10.2.14.1.1	床单、被套、枕套的纱支规格					6				
10.2.14.1.1.1	不低于80×60支纱					6				
10.2.14.1.1.2	不低于60×40支纱					3				
10.2.14.1.1.3	不低于40×40支纱					1				
10.2.14.1.2	床单、被套、枕套的含棉量为100%					1				
10.2.14.2	床垫硬度适中、无变形,可提供3种以上不同类型的枕头				2					
10.2.14.3	温度				3					
10.2.14.3.1	室内温度可调节					2				
10.2.14.3.2	公共区域与客房区域温差不超过5℃					1				
10.2.14.4	相对湿度:冬季为50%～55%,夏季为45%～50%				2					
10.2.14.5	客房门、墙、窗、天花、卫生间采取隔音措施,效果良好				2					
10.2.14.5.1	客房隔音效果差,或部分客房靠近高噪声设施(如歌舞厅、保龄球场、洗衣房等),影响宾客休息					-4				
10.2.14.6	窗帘与客房整体设计匹配,有纱帘,方便开闭,密闭遮光效果良好				2					
10.2.14.7	照明效果				3					
10.2.14.7.1	专业设计,功能照明、重点照明、氛围照明和谐统一					3				
10.2.14.7.2	有目的物照明光源,满足不同区域的照明需求					2				
10.2.14.7.3	照明效果一般					1				
10.2.14.8	客用品方便取用,插座、开关位置合理,方便使用				2					
10.2.14.9	艺术品、装饰品搭配协调,布置雅致;家具、电器、灯饰档次匹配,色调和谐				2					
10.2.14.10	电视机和背景音乐系统的音、画质良好,节目及音量调节方便有效				2					
10.2.15	客房走廊及电梯厅				5					
10.2.15.1	走廊宽度不少于1.8m,高度不低于2.3m					1				
10.2.15.2	光线适宜					1				

续表

序号	评定项目	各大项总分	各分项总分	各分项总分	各小分项总分	各次小分项总分	计分	记分栏	记分栏	记分栏
10.2.15.3	通风良好，温度适宜				1					
10.2.15.4	客房门牌标识醒目，制作精良				1					
10.2.15.5	管道井、消防设施的装饰与周边氛围协调				1					
11	餐饮设施	50								
11.1	餐厅（11.1-11.2对各个餐厅分别打分，然后根据餐厅数量取算术平均值的整数部分）		26							
11.1.1	布局			8						
11.1.1.1	接待区装饰风格（接待台、预订台）与整体氛围协调				2					
11.1.1.2	有宴会单间或小宴会厅				3					
11.1.1.3	靠近厨房，传菜线路不与非餐饮公共区域交叉				2					
11.1.1.4	有酒水台				1					
11.1.2	装饰			6						
11.1.2.1	地面装饰				2					
11.1.2.1.1	采用大理石、地毯、木地板或其他材料（材质一般，有色差，拼接整齐，装饰性较强）					2				
11.1.2.1.2	采用普通材料（普通木地板、地砖等）					1				
11.1.2.2	墙面装饰				2					
11.1.2.2.1	采用花岗岩、大理石、木材、墙纸（布）					2				
11.1.2.2.2	采用普通墙纸或喷涂材料					1				
11.1.2.3	天花				2					
11.1.2.3.1	工艺较好，格调一般					2				
11.1.2.3.2	有一定装饰					1				
11.1.3	家具			3						
11.1.3.1	材质较好，工艺较好				3					
11.1.3.2	材质普通，工艺一般				1					
11.1.4	灯具与照明			3						
11.1.4.1	采用高档灯具，照明整体效果较好				3					
11.1.4.2	采用普通灯具，照明效果一般				1					
11.1.5	餐具			2						
11.1.5.1	较好材质与工艺				2					
11.1.5.2	一般材质与工艺				1					
11.1.6	菜单与酒水单			2						
11.1.6.1	用中英文印刷，装帧较好，出菜率不低于90%				2					

续表

序号	评定项目	各大项总分	各分项总分	各分项总分	各小项总分	各次小分项总分	计分	记分栏	记分栏	记分栏
11.1.6.2	有中文菜单,保持完整、清洁				1					
11.1.7	不使用一次性筷子和一次性湿毛巾,不使用塑料桌布			2						
11.2	厨房			12						
11.2.1	应有与餐厅经营面积和菜式相适应的厨房区域(含粗细加工间、面点间、冷菜间、冻库等)				2					
11.2.2	为某特定类型餐厅配有专门厨房(每个1分,最多2分)				2					
11.2.3	位置合理、布局科学,传菜路线不与非餐饮公共区域交叉				2					
11.2.4	冷、热制作间分隔				1					
11.2.5	配备与厨房相适应的保鲜和冷冻设施,生熟分开				1					
11.2.6	粗细加工间分隔				1					
11.2.7	洗碗间位置合理				1					
11.2.8	厨房与餐厅间采用有效的隔音、隔热、隔味措施				1					
11.2.9	厨房内、灶台上采取有效的通风、排烟措施				1					
11.3	酒吧、茶室及其他吧室			4						
11.3.1	装修与装饰(包含台、家具、餐具、饮具等)				2					
11.3.1.1	较好材质与工艺					2				
11.3.1.2	普通材质与工艺					1				
11.3.2	氛围				2					
11.3.2.1	氛围较好					2				
11.3.2.2	氛围一般					1				
11.4	餐饮区域整体舒适度			8						
11.4.1	整体设计有专业性,格调高雅,色调协调、有艺术感				2					
11.4.2	温湿度适宜,通风良好,无炊烟及烟酒异味				2					
11.4.3	专业设计照明,环境舒适,无噪声。背景音乐曲目、音量适宜,音质良好				2					
11.4.4	餐具按各菜式习惯配套齐全,无破损,无水迹				2					
11.4.5	任一餐厅(包括宴会厅)与其厨房不在同一楼层				-2					
12	会务设施	20								
12.1	会议室			11						
12.1.1	面积(如有多个会议室,可以累计加分,但总分不超过6分)				3					

续表

序号	评定项目	各大项总分	各分项总分	各分项总分	各小项总分	各次小分项总分	计分	记分栏	记分栏	记分栏
12.1.1.1	≥300m²					3				
12.1.1.2	≥200m²					2				
12.1.2	有座席固定的会议室				2					
12.1.3	小会议室（至少容纳8人开会）				3					
12.1.3.1	≥4个					3				
12.1.3.2	≥2个					1				
12.1.4	通风良好，温度适宜				1					
12.1.5	灯光分区控制，亮度可调节，遮光效果良好				1					
12.1.6	隔音效果良好				1					
12.2	会议设施			3						
12.2.1	同声传译功能设置（设备可租借）				1					
12.2.2	电视电话会议功能设置（设备可租借）				1					
12.2.3	多媒体演讲系统（电脑、即席发言麦克风、投影仪、屏幕等）				1					
12.3	设贵宾休息室，位置合理，并有专用通道进大宴会厅			2						
12.4	配设衣帽间			2						
12.5	商务中心			2						
12.5.1	位置合理，方便宾客使用				1					
12.5.2	配备完整的办公设施（包括复印机、打印机、传真机、装订机、手机充电器等），提供报刊				1					
总分			700							

附　录　F

（规范性附录）

温泉企业运营质量评价表

表F给出了温泉企业运营质量评价表。

表F　温泉企业运营质量评价表

序　号	标　准	评　价			
1.总体要求					
1.1	管理制度与规范	优	良	中	差
1.1.1	有完备的规章制度	6	4	2	1
1.1.2	有完备的操作程序	6	4	2	1
1.1.3	有完备的服务规范	6	4	2	1
1.1.4	有完备的岗位安全责任制与各类突发事件应急预案，有培训、演练计划和实施记录	6	4	2	1
1.1.5	制订温泉企业人力资源规划，有明确的考核、激励机制；有系统的员工培训制度和实施记录；企业文化特色鲜明	6	4	2	1
1.1.6	建立能源管理与考核制度；有完备的设备设施运行、巡检与维护记录	6	4	2	1
1.1.7	建立宾客意见收集、反馈和持续改进机制	6	4	2	1
1.2	员工素养	优	良	中	差
1.2.1	仪容仪表得体，着装统一，体现岗位特色；工服整洁、熨烫平整，鞋袜整洁一致；佩戴名牌，着装效果好	6	4	2	1
1.2.2	训练有素、业务熟练，应变能力较强，及时满足宾客合理需求	6	4	2	1
1.2.3	各部门组织严密、沟通有效，富有团队精神	6	4	2	1
	小　　计	60			
	实际得分：				
	得分率：（实际得分）/该项总分×100%=				
2.温泉水区					
2.1	前厅服务质量				
2.1.1	总机	优	良	中	差
2.1.1.1	在正常情况下，电话铃响10s内应答	3	2	1	0
2.1.1.2	接电话时正确问候宾客，同时报出温泉企业名称，语音清晰，态度亲切	3	2	1	0
2.1.1.3	转接电话准确、及时、无差错（无人接听时，15s后转回总机）	3	2	1	0
2.1.1.4	熟练掌握岗位英语或岗位专业用语	3	2	1	0

序　号	标　准	评　价			
2.1.2	预订	优	良	中	差
2.1.2.1	及时接听电话，确认宾客抵离时间，语音清晰，态度亲切	3	2	1	0
2.1.2.2	熟悉温泉企业各项产品，正确描述各种服务差异，说明价格及所含内容	3	2	1	0
2.1.2.3	提供预订号码或预订姓名，询问宾客联系方式	3	2	1	0
2.1.2.4	说明温泉沐浴的有关规定，通话结束前重复确认预订的所有细节，并向宾客致谢	3	2	1	0
2.1.2.5	实时网络预订，界面友好，及时确认	3	2	1	0
2.1.3	礼宾、问讯服务	优	良	中	差
2.1.3.1	热情友好，乐于助人，及时响应宾客合理需求	3	2	1	0
2.1.3.2	熟悉温泉企业各项产品，包括泉质、水温、辅助疗效、泡池种类、保健理疗项目、客房、餐饮、会务等信息	3	2	1	0
2.1.3.3	熟悉温泉企业周边环境，包括当地特色商品、旅游景点、购物中心、文化设施、餐饮设施等信息；协助安排出租车	3	2	1	0
2.1.3.4	委托代办业务效率高，准确无差错	3	2	1	0
2.1.4	总台接待	优	良	中	差
2.1.4.1	主动、友好地问候宾客，热情接待	3	2	1	0
2.1.4.2	与宾客确认是否住店或用餐等	3	2	1	0
2.1.4.3	询问宾客是否需要贵重物品寄存服务，并解释相关规定	3	2	1	0
2.1.4.4	如住店要登记验证，信息上传效率高、准确无差错	3	2	1	0
2.1.4.5	指示温泉水区或客房方向，或招呼客服为宾客服务，祝愿宾客沐浴愉快	3	2	1	0
2.1.5	结账	优	良	中	差
2.1.5.1	确认宾客的所有消费，提供总账单，条目清晰、正确完整	3	2	1	0
2.1.5.2	效率高，准确无差错	3	2	1	0
2.1.5.3	征求宾客意见，向宾客致谢并邀请宾客再次光临	3	2	1	0
2.1.6	更衣室	优	良	中	差
2.1.6.1	在宾客抵达后，服务员应接待并引导至更衣柜前，并帮助打开柜门	3	2	1	0
2.1.6.2	通风良好、照明合理，更衣柜保持清洁，保养良好，温度在24℃~27℃，湿度≤70%	3	2	1	0
2.1.6.3	淋浴间保持洁净，布置合理，方便使用，沐浴用品保持充足	3	2	1	0
2.1.6.4	垃圾桶、洗涤篮位置摆放合理，无灰尘，无污渍，并及时清理	3	2	1	0
2.1.6.5	摆放浴袍、休息服、浴巾、一次性内裤等的布草柜设置合理，清洁、无灰尘且保持品种和数量充足	3	2	1	0
2.1.6.6	有专人在岗及时为宾客提供相应的二次更衣服务，并主动询问宾客的下一步需求	3	2	1	0
2.1.6.7	保持二次更衣间的地面清洁、无水迹，防滑（吸水）地垫、地巾摆放合理、洁净、干燥	3	2	1	0
2.1.6.8	梳妆台、凳子、镜子、灯具等位置合理，无破损、无灰尘，并能及时清理	3	2	1	0
2.1.6.9	提供吹风机，且性能良好、安全、洁净、无灰尘	3	2	1	0
2.1.6.10	提供梳子、面巾纸、棉签、护肤霜、定发剂等用品洁净、卫生且及时更换	3	2	1	0

续表

序　号	标　准	评　价			
2.1.7	温泉水区	优	良	中	差
2.1.7.1	泉质、水温、辅助疗效、水深标记及安全提示清晰、醒目（在显眼处有关沐浴须知和安全提示，在泡池边上能清楚地看见泡池水温及深度标识）	6	4	2	0
2.1.7.2	泡池周边保持清洁卫生、照明充足	6	4	2	0
2.1.7.3	各种泡池水质符合卫生要求	6	4	2	0
2.1.7.4	配备专职救生人员及相应救生设施	6	4	2	0
2.1.7.5	提供数量充足的休息椅，且位置摆放合理，保养良好；室外泡池提供数量充足的遮阳伞，且保养良好	6	4	2	0
2.1.7.6	提供毛巾，并及时更换宾客用过的毛巾；应宾客要求提供饮品	6	4	2	0
2.1.7.7	水质卫生检验员每天例行检查	6	4	2	0
2.1.7.8	蒸房、锅炉、水上游乐设施水循环系统等重要设备运行良好、安全并做检验记录和运行记录	6	4	2	0
2.1.8	擦背服务	优	良	中	差
2.1.8.1	热情问候宾客，主动介绍擦背及其他项目的价格、服务时间和注意事项	3	2	1	0
2.1.8.2	擦背床、地面完好、清洁，每客及时清洗擦背床、更换毛巾、用品	3	2	1	0
2.1.9	休息区服务	优	良	中	差
2.1.9.1	宾客抵达后，应及时接待并引座。宾客休息的沙发椅已布置完毕	3	2	1	0
2.1.9.2	宾客入座后及时提供茶水或饮料等服务，并主动询问宾客的需求	3	2	1	0
2.1.9.3	室内休息区空气良好、照明合理，温度24℃~27℃，环境舒适	3	2	1	0
2.1.9.4	沙发椅、脚凳上的布草每客更换	3	2	1	0
2.1.9.5	室外休息区要有专人随时巡查，并及时提供服务	3	2	1	0
2.1.10	其他配套服务	优	良	中	差
2.1.10.1	在宾客抵达自助餐厅后，及时接待并引座，保证餐桌和取餐台等已布置完毕	3	2	1	0
2.1.10.2	所有的自助餐食和餐具及时补充，适量、清洁、卫生	3	2	1	0
2.1.10.3	食品和饮品均有中英文正确标记说明，标记牌洁净统一	3	2	1	0
2.1.10.4	茶室、棋牌室、网吧、台球室等应明示各项服务收费规定，员工业务熟练、效率高、质量好	3	2	1	0
2.1.10.5	商品部商品陈列美观、明码标价、质量可靠，有与沐浴、理疗相关商品，结账及时、方便、准确无差错	3	2	1	0
2.2	温泉水区维护保养与清洁卫生	优	良	中	差
2.2.1	地面：完整，无破损、无变色、无变形、无污渍、无异味、清洁、光亮	3	2	1	0
2.2.2	门窗：无破损、无变形、无划痕、无灰尘	3	2	1	0
2.2.3	天花（包括空调排风口）：无破损、无裂痕、无脱落、无灰尘、无水迹、无蛛网、无污渍	3	2	1	0
2.2.4	墙面（柱）：平整、无破损、无开裂、无脱落、无污渍、无蛛网	3	2	1	0
2.2.5	电梯：平稳、有效、无障碍、无划痕、无脱落、无灰尘、无污渍	3	2	1	0

序 号	标 准	评 价			
2.2.6	家具：稳固、完好，与整体装饰风格相匹配；无变形、无破损、无烫痕、无脱漆、无灰尘、无污渍	3	2	1	0
2.2.7	电器及插座（电视、电话、冰箱等）完全、有效、安全、无灰尘、无污渍	3	2	1	0
2.2.8	灯具：完好、有效，与整体装饰风格相匹配；无灰尘、无污渍	3	2	1	0
2.2.9	盆景、花木、艺术品：无枯枝败叶、修剪效果好，无灰尘、无异味、无昆虫，与整体装饰风格相匹配	3	2	1	0
2.2.10	总台及各种设备（贵重物品保险箱、电话、宣传册及册架、垃圾桶、伞架、行李车、指示标识等）：有效、无破损；无污渍、无灰尘	3	2	1	0
	小 计	205			
	实际得分：				
	得分率：（实际得分）/该项总分×100%=				
3.保健理疗区					
3.1	足部按摩服务	优	良	中	差
3.1.1	足疗区域空气良好，光线事宜，相应安静，温度在22℃~28℃	3	2	1	0
3.1.2	相关布置、用品用具保持洁净、卫生；每客更换和消毒	3	2	1	0
3.1.3	足部按摩师，应具持有国家职业技能资格证书，持证上岗率应达到足疗师的80%	3	2	1	0
3.2	中医保健按摩	优	良	中	差
3.2.1	保健按摩室空气良好，灯光空调可调节，有背景音乐，有中英文的服务价目表	3	2	1	0
3.2.2	相关布草、用品用具保持清洁、卫生，每客更换和消毒	3	2	1	0
3.2.3	保健按摩师应具持有国家职业技能资格证书，持证上岗率达到保健按摩师的60%	3	2	1	0
3.3	芳香保健按摩（水疗）服务	优	良	中	差
3.3.1	芳疗室通风良好，灯光、空调、背景音乐可调节，温度22℃~28℃，环境氛围、装修装饰、设施设备及用品具有芳疗的专业性	3	2	1	0
3.3.2	相关服务流程符合国家芳疗保健师职业标准的要求	3	2	1	0
3.3.3	芳疗师应持有国家职业技能资格证书，持证上岗率应达到芳疗师的50%	3	2	1	0
3.4	保健理疗区（房）维护养护与清洁卫生	优	良	中	差
3.4.1	天花、墙面、地面保养良好，保持清洁无水迹、无破损、无脱落、无开裂、无污渍	3	2	1	0
3.4.2	按摩床、沙发椅、衣柜（架）、茶几等稳固、安全、无破损、无污渍、无灰尘	3	2	1	0
3.4.3	独立的卫生间、淋浴间、水疗浴缸等使用安全、方便、洁净、卫生	3	2	1	0
3.4.4	相关专业用品用具配备齐全、摆放合理、洁净、卫生，服务价目表无破损、无污渍	3	2	1	0
	小 计	39			
	实际得分：				
	得分率：（实际得分）/该项总分×100%=				

序　号	标　准	评　价			
	4.房务				
4.1	客房服务质量				
4.1.1	整理客房服务	优	良	中	差
4.1.1.1	正常情况下，每天14时前清扫客房完毕。如遇"请勿打扰"标志，按相关程序进行处理	3	2	1	0
4.1.1.2	客房与卫生间清扫整洁、无毛发、无灰尘、无污渍	3	2	1	0
4.1.1.3	所有物品已放回原处，所有客用品补充齐全	3	2	1	0
4.1.1.4	应宾客要求更换床单、被套、毛巾、浴巾等	3	2	1	0
4.1.2	开夜床服务	优	良	中	差
4.1.2.1	正常情况下，每天17时到21时提供开夜床服务；如遇"请勿打扰"标志，按相关程序进行处理	3	2	1	0
4.1.2.2	客房与卫生间清扫整洁、无毛发、无灰尘、无污渍	3	2	1	0
4.1.2.3	所有物品已整理整齐，所有客用品补充齐全	3	2	1	0
4.1.3	洗衣服务	优	良	中	差
4.1.3.1	洗衣单上明确相关信息（服务时间、价格、服务电话、送回方式等），配备温泉企业专用环保洗衣袋	3	2	1	0
4.1.3.2	应宾客要求，及时收集待洗衣物，并仔细检查	3	2	1	0
4.1.3.3	在规定时间内送还衣物，包装、悬挂整齐	3	2	1	0
4.1.4	微型酒吧	优	良	中	差
4.1.4.1	小冰箱运行状态良好，无明显噪声，清洁无异味	3	2	1	0
4.1.4.2	提供微型酒吧价目表，价目表上的食品、酒水与实际提供的相一致	3	2	1	0
4.1.4.3	食品、酒水摆放整齐，且标签朝外，均在保质期之内	3	2	1	0
4.2	客房维护保养与清洁卫生	优	良	中	差
4.2.1	房门：完好、有效、自动闭合，无破损、无灰尘、无污渍	3	2	1	0
4.2.2	地面：完整，无破损、无变色、无变形、无污渍、无异味	3	2	1	0
4.2.3	窗户、窗帘：玻璃明亮、无破损、无污渍、无脱落、无灰尘	3	2	1	0
4.2.4	墙面：无破损、无裂痕、无脱落、无灰尘、无水迹、无蛛网	3	2	1	0
4.2.5	天花（包括空调排风口)：无破损、无裂痕、无脱落；无灰尘、无水迹、无蛛网、无污渍	3	2	1	0
4.2.6	家具：稳固、完好、无变形、无破损、无烫痕、无脱漆、无灰尘、无污渍	3	2	1	0
4.2.7	灯具：完好、有效；无灰尘、无污渍	3	2	1	0
4.2.8	布草（床单、枕头、被子、毛毯、浴衣等）：配置规范、清洁，无灰尘、无毛发、无污渍	3	2	1	0
4.2.9	客房内印刷品（服务指南、电视节目单、安全出口指示图等）：规范、完好、方便取用，字迹图案清晰，无皱折、无涂抹、无灰尘、无污渍	3	2	1	0
4.2.10	床头（控制）柜：完好、有效、安全，无灰尘、无污渍	3	2	1	0
4.2.11	贵重物品保险箱：方便使用，完好有效，无灰尘、无污渍	3	2	1	0
4.2.12	客房电话机：完好、有效、无灰尘、无污渍，旁边有便笺和笔	3	2	1	0

序　号	标　准	评　价			
4.2.13	卫生间门、锁：安全、有效、无破损、无灰尘、无污渍	3	2	1	0
4.2.14	卫生间地面：平坦、无破损、无灰尘、无污渍、排水畅通	3	2	1	0
4.2.15	卫生间墙壁：平整、无破损、无脱落、无灰尘、无污渍	3	2	1	0
4.2.16	卫生间天花：无破损、无裂痕、无脱落、无灰尘、无水迹、无蛛网、无污渍	3	2	1	0
4.2.17	面盆、浴缸、淋浴区：洁净、无毛发、无灰尘、无污渍	3	2	1	0
4.2.18	水龙头、淋浴喷头等五金件：无污渍、无滴漏、擦拭光亮	3	2	1	0
4.2.19	恭桶：洁净、无堵塞、噪声低	3	2	1	0
4.2.20	下水：通畅、无明显噪声	3	2	1	0
4.2.21	排风系统：完好，运行时无明显噪声	3	2	1	0
4.3	前厅服务质量				
4.3.1	行李服务	优	良	中	差
4.3.1.1	正常情况下，有行李服务人员在门口热情友好地问候宾客	3	2	1	0
4.3.1.2	为宾客拉开车门或指引宾客进入温泉企业	3	2	1	0
4.3.1.3	帮助宾客搬运行李，确认行李件数，轻拿轻放，勤快主动	3	2	1	0
4.3.1.4	及时将行李送入房间，礼貌友好地问候宾客，将行李放在行李架或行李柜上，并向宾客致意	3	2	1	0
4.3.1.5	离店时及时收取行李，协助宾客将行李放入车辆中，并与宾客确认行李件数	3	2	1	0
4.3.2	叫醒服务	优	良	中	差
4.3.2.1	重复宾客的要求，确保信息准确	3	2	1	0
4.3.2.2	有第二遍叫醒，准确、有效地叫醒宾客，人工叫醒电话正确问候宾客	3	2	1	0
	小　计	123			
	实际得分：				
	得分率：（实际得分）/该项总分×100%=				

5.餐饮

5.1	餐饮服务质量				
5.1.1	自助早餐服务	优	良	中	差
5.1.1.1	在宾客抵达餐厅后，及时接待并引座；正常情况下，宾客就座的餐桌已经布置完毕	3	2	1	0
5.1.1.2	在宾客入座后及时提供咖啡或茶	3	2	1	0
5.1.1.3	所有自助餐食及时补充，适温、适量	3	2	1	0
5.1.1.4	食品和饮品均有中英文正确标记说明；标记牌洁净统一	3	2	1	0
5.1.1.5	提供加热过的盘子取用热食；厨师能够提供即时加工服务	3	2	1	0
5.1.1.6	咖啡或茶应宾客要求及时添加；如有吸烟区，应适时更换烟灰缸	3	2	1	0
5.1.1.7	宾客用餐结束后，及时收拾餐具，结账效率高、准确无差错；宾客离开餐厅时，向宾客致谢	3	2	1	0
5.1.1.8	自助早餐食品质量评价	3	2	1	0
5.1.2	正餐服务	优	良	中	差
5.1.2.1	在营业时间，及时接听电话，重复并确认所有预订细节	3	2	1	0

序　号	标　准	评　价			
5.1.2.2	在宾客抵达餐厅后，及时接待并引座；正常情况下，宾客就座的餐桌已经布置完毕	3	2	1	0
5.1.2.3	提供菜单和酒水单，熟悉菜品知识，主动推荐特色菜肴，点单时与宾客保持目光交流	3	2	1	0
5.1.2.4	点菜单信息完整（如烹调方法、搭配等），点单完毕后与宾客确认点单内容	3	2	1	0
5.1.2.5	点单完成后，及时上酒水及冷盘（头盘），根据需要适时上热菜（主菜），上菜时主动介绍菜名	3	2	1	0
5.1.2.6	根据不同菜式要求及时更换、调整餐具，确认宾客需要的各种调料，提醒宾客小心餐盘烫手，西餐时，主动提供面包、黄油	3	2	1	0
5.1.2.7	向宾客展示酒瓶，在宾客面前打开酒瓶，西餐时，倒少量酒让主人鉴酒	3	2	1	0
5.1.2.8	红葡萄酒应是常温，白葡萄酒应是冰镇；操作玻璃器皿时，应握杯颈或杯底	3	2	1	0
5.1.2.9	宾客用餐结束后，结账效率高、准确无差错，主动征询宾客意见并致谢	3	2	1	0
5.1.2.10	正餐食品质量评价	3	2	1	0
5.1.3	酒吧服务（大堂吧，茶室）	优	良	中	差
5.1.3.1	宾客到达后，及时接待，热情友好；提供酒水单，熟悉酒水知识，主动推荐，点单时与宾客保持目光交流	3	2	1	0
5.1.3.2	点单后，使用托盘及时上齐酒水，使用杯垫，主动提供佐酒小吃	3	2	1	0
5.1.3.3	提供的酒水与点单一致，玻璃器皿与饮料合理搭配，各种酒具光亮、洁净、无裂痕、无破损，饮品温度合理	3	2	1	0
5.1.3.4	结账效率高、准确无差错；向宾客致谢	3	2	1	0
5.1.4	送餐服务	优	良	中	差
5.1.4.1	正常情况下，及时接听订餐电话，熟悉送餐菜单内容，重复和确认预订的所有细节，主动告知预计送餐时间	3	2	1	0
5.1.4.2	正常情况下，送餐的标准时间为：事先填写好的早餐卡：预订时间5min内；临时订早餐：25min内；小吃：25min内；中餐或晚餐：40min内	3	2	1	0
5.1.4.3	送餐时按门铃或轻轻敲门（未经宾客许可，不得进入客房）；礼貌友好地问候宾客；征询宾客托盘或手推车放于何处，为宾客摆台、倒酒水、介绍各种调料	3	2	1	0
5.1.4.4	送餐推车保持清洁，保养良好；推车上桌布清洁、熨烫平整；饮料、食品均盖有防护用具	3	2	1	0
5.1.4.5	送餐推车上摆放鲜花瓶；口布清洁、熨烫平整、无污渍；盐瓶、胡椒瓶及其他调味品盛器洁净，装满	3	2	1	0
5.1.4.6	送餐完毕，告知餐具回收程序（如果提供回收卡，视同已告知），向宾客致意，祝愿宾客用餐愉快	3	2	1	0
5.1.4.7	送餐服务食品质量评价	3	2	1	0
5.2	餐饮区域维护保养与清洁卫生	优	良	中	差
5.2.1	餐台（包括自助餐台）：稳固、美观、整洁	3	2	1	0

序　号	标　准	评　价			
5.2.2	地面：完整，无破损、无变色、无变形、无污渍、无异味	3	2	1	0
5.2.3	门窗及窗帘：玻璃明亮，无破损、无变形、无划痕、无灰尘	3	2	1	0
5.2.4	墙面：平整，无破损、无裂痕、无脱落、无灰尘、无水迹、无蛛网	3	2	1	0
5.2.5	天花（包括空调排风口）：平整，无破损、无裂痕、无脱落、无灰尘、无水迹、无蛛网	3	2	1	0
5.2.6	家具：稳固、完好、无变形、无破损、无烫痕、无脱漆、无灰尘、无污染	3	2	1	0
5.2.7	灯具：完好、有效、无灰尘、无污渍	3	2	1	0
5.2.8	盆景、花木：无枯枝败叶、修剪效果好，无灰尘、无异味、无昆虫	3	2	1	0
5.2.9	艺术品：有品位、完整、无褪色、无灰尘、无污渍	3	2	1	0
5.2.10	客用品（包括台布、餐巾、面巾、餐具、烟灰缸等）：方便使用，完好、无破损、无灰尘、无污渍	3	2	1	0
	小　计	117			
	实际得分：				
	得分率：（实际得分）/该项总分×100%=				

6.其他服务项目

6.1	会议、宴会	优	良	中	差
6.1.1	提供多种厅房布置方案，并有详细文字说明	3	2	1	0
6.1.2	各种厅房的名称标牌位于厅房显著位置，到厅房的方向指示标识内容清晰，易于理解	3	2	1	0
6.1.3	各厅房的灯光、空调可独立调控	3	2	1	0
6.1.4	有窗户的厅房配备窗帘，遮光效果好	3	2	1	0
6.1.5	厅房之间有良好的隔音效果，互不干扰	3	2	1	0
6.1.6	台布、台呢整洁平整、完好、无灰尘、无污渍	3	2	1	0
6.1.7	音响、照明、投影等设施提前调试好，功能正常	3	2	1	0
6.1.8	会议期间，及时续水，响应宾客需求	3	2	1	0
6.1.9	会议休息期间，摆正椅子，整理台面，清理垃圾	3	2	1	0
6.2	健身房	优	良	中	差
6.2.1	营业时间不少于12h，热情问候、接待	3	2	1	0
6.2.2	提供毛巾及更衣柜钥匙；有安全提示，提醒宾客保管贵重物品	3	2	1	0
6.2.3	温度合理、清洁卫生、感觉舒适、无异味	3	2	1	0
6.2.4	健身器械保养良好、易于操作，并配有注意事项，必要时向宾客讲解器械操作指南	3	2	1	0
6.2.5	照明、音像设施运行正常，照明充足、音质良好；备有饮水机与水杯	3	2	1	0
6.3	商务中心、商店、休闲娱乐项目	优	良	中	差
6.3.1	商务中心应明示各项服务收费规定，员工业务熟练、效率高、质量好	3	2	1	0
6.3.2	商品部商品陈列美观、明码标价、质量可靠，包装精美，与温泉企业整体氛围相协调，结账效率高，准确无差错	3	2	1	0

序　号	标　准		评　价		
6.3.3	休闲娱乐设施完好、有效、安全，无灰尘、无污渍、无异味	3	2	1	0
6.3.4	休闲娱乐项目热情接待、服务周到，外包项目管理规范	3	2	1	0
	小　计	54			
	实际得分：	分			
	得分率：（实际得分）/该项总分×100%=	%			
7.公共、后勤区					
7.1	周围环境	优	良	中	差
7.1.1	庭院（花园）完好，花木修剪整齐，保持清洁	3	2	1	0
7.1.2	停车场、回车线标线清晰，车道保持畅通	3	2	1	0
7.1.3	店标（旗帜）、艺术品等保养良好、无破损、无污渍	3	2	1	0
7.2	楼梯、走廊、电梯厅	优	良	中	差
7.2.1	地面：完整，无破损、无变色、无变形、无污渍、无异味	3	2	1	0
7.2.2	墙面：平整、无破损、无裂痕、无脱落，无污渍、无水迹、无蛛网	3	2	1	0
7.2.3	天花（包括空调排风口）：平整、无破损、无裂痕、无脱落；无灰尘、无水迹、无蛛网	3	2	1	0
7.2.4	灯具、装饰物：保养良好、无灰尘、无破损	3	2	1	0
7.2.5	家具：洁净、保养良好、无灰尘、无污渍	3	2	1	0
7.2.6	紧急出口与消防设施：标识清晰，安全通道保持畅通	3	2	1	0
7.2.7	公用电话机：完好、有效、清洁	3	2	1	0
7.2.8	垃圾桶：完好、清洁	3	2	1	0
7.3	公共卫生间	优	良	中	差
7.3.1	地面：完整，无破损、无变色、无变形、无污渍、无异味、光亮	3	2	1	0
7.3.2	墙面：平整、无破损、无裂痕、无脱落、无灰尘、无水迹、无蛛网	3	2	1	0
7.3.3	天花（包括空调排风口）：平整、无破损、无裂痕、无脱落、无灰尘、无水迹、无蛛网	3	2	1	0
7.3.4	照明充足、温湿度适宜、通风良好	3	2	1	0
7.3.5	洗手台、恭桶、小便池保持洁净、保养良好、无堵塞、无滴漏	3	2	1	0
7.3.6	梳妆镜完好、无磨损、玻璃明亮、无灰尘、无污渍	3	2	1	0
7.3.7	洗手液、擦手纸充足、干手器完好、有效，方便使用，厕位门锁、挂钩完好、有效	3	2	1	0
7.3.8	残疾人厕位（或专用卫生间）：位置合理，空间适宜，方便使用	3	2	1	0
7.4	后勤区域	优	良	中	差
7.4.1	通往后勤区域的标识清晰、规范，各区域有完备的门锁管理制度	3	2	1	0
7.4.2	后勤区域各通道保持畅通，无杂物堆积	3	2	1	0
7.4.3	地面：无油污、无积水、无杂物、整洁	3	2	1	0
7.4.4	天花（包括空调排风口）：无破损、无裂痕、无脱落、无灰尘、无水迹、无蛛网	3	2	1	0
7.4.5	墙面：平整、无破损、无开裂、无脱落、无污渍、无蛛网	3	2	1	0

序 号	标 准	评 价			
7.4.6	各项设备维护保养良好，运行正常，无"跑、冒、滴、漏"现象	3	2	1	0
7.4.7	在醒目位置张贴有关安全、卫生的须知	3	2	1	0
7.4.8	餐具的清洗、消毒、存放符合卫生标准要求，无灰尘、无水渍	3	2	1	0
7.4.9	食品的加工与贮藏严格做到生、熟分开，操作规范	3	2	1	0
7.4.10	有防鼠、蟑螂、蝇类、蚊虫的装置与措施，完好有效	3	2	1	0
7.4.11	各类库房温度、湿度适宜，照明、通风设施完备有效，整洁卫生	3	2	1	0
7.4.12	下水道无堵塞、无油污，保持畅通无阻	3	2	1	0
7.4.13	排烟与通风设备无油污、无灰尘，定期清理	3	2	1	0
7.4.14	垃圾分类收集，日产日清，垃圾房周围保持整洁，无保洁死角	3	2	1	0
7.4.15	行政后勤设施（办公室、宿舍、食堂、浴室、更衣室、培训室、医务室等）管理规范，设施设备保养良好，整洁卫生	3	2	1	0
	小 计	102			
	实际得分：	分			
	得分率：（实际得分）/该项总分×100%=	%			
	总 分	700			
	实际总得分	分			
	总得分率	%			